手把手教你做 OKR

实现爆炸性增长的高效工作手册

杨全红◎著

三茅人力资源网◎策划

U0125952

台海出版社

图书在版编目（CIP）数据

手把手教你做 OKR / 杨全红著 . -- 北京：台海出版
社 , 2021.10

ISBN 978-7-5168-3149-6

Ⅰ .①手… Ⅱ .①杨… Ⅲ .①企业管理Ⅳ .
① F272

中国版本图书馆 CIP 数据核字（2021）第 199772 号

手把手教你做 OKR

著　　者：杨全红

责任编辑：魏　敏　　　策划主编：张梦帆
出 版 人：蔡　旭　　　执行主编：周轩同

出版发行：台海出版社
地　　址：北京市东城区景山东街 20 号　邮政编码：100009
电　　话：010 — 64041652（发行，邮购）
传　　真：010 — 84045799（总编室）
网　　址：www.taimeng.org.cn/thcbs/default.htm
E – mail：thcbs@126.com

印　　刷：天津丰富彩艺印刷有限公司
开　　本：710 毫米 × 1000 毫米　1/16
字　　数：279 千字
印　　张：22
版　　次：2021 年 11 月第 1 版
印　　次：2021 年 11 月第 1 次印刷
书　　号：ISBN 978-7-5168-3149-6
定　　价：98.00 元

前　言

为什么写 HR 管理工具书？

写 HR 管理工具书的初衷，是在将近 20 年的咨询服务中，深深体会到客户群体的成长，需求的变化，以及随之而来的对于咨询服务方式的改变。

如果用时尚行业做比喻，那么 20 年前咨询行业像是高级定制，只服务于一小批名流贵妇，样式新潮、风格端庄正式而远离生活，工艺精益求精，几位时尚大咖推动潮流，客户趋之若鹜；而如今的咨询更像轻奢潮牌，客户们（尤其是创业者们）年轻、有朝气、眼界开阔，极富个性和创造力，价值观不受别人所左右，热衷共创。

在这样的背景下，与其费时费力地提供高级定制的成衣，何不分享模板和工具箱，邀请客户一起，共同打造他们心中的时尚？也许不如高定正规、精致，但是一定更具创意，更多样化，最要紧的是，一定更加适合他们的企业。

为什么写 OKR？

自从 1999 年安迪·葛洛夫将目标和关键成果法（OKR）介绍给谷歌的两位创始人，OKR 以其五大优势而风靡硅谷。如今，不光是硅谷，也不光是互联网行业，世界上越来越多的行业和公司都在采用 OKR。

关于 OKR 方法论的介绍和著作也有不少，但是对于初次引入这套体系的管理者，尤其是初创公司的管理者来说，更希望看到一本实用性强的使用手册。

因此本书定位为半成品的使用手册，读者根据自己企业的情况稍做加工即可使用。据此，本丛书试图将玄虚的设计过程，简化成一道道选择题、填空题、改错题。每一部分都有方法论的指点、咨询工具或者相关案例的分享，辅之以小贴士，以及供读者自行设计发挥的留白。读者只要跟随本书的步骤完成这些设计内容，就可以开始使用了。

本文中各岗位的 OKR 模板库是从长期的项目积累，和国内外一些网站上的公开资料编译而成。该模板库呈现的是多样化信息来源的集锦，而非设计解构后的单一公司的 OKR 结果。以此做参考时不建议全盘照抄，更建议以此启发灵感，根据本书指引完成整个公司的 OKR 体系设计工作。

致谢

本书从一个念头种子，到最后成书，每一个步骤都来源于客户、朋友、家人的贡献。需要感谢的人很多，难以一一列举，希望最后的作品不辜负他们的期望。

本人水平有限，时间仓促，书中难免有不足。此为抛砖引玉，诚挚地希望大家指点。更期待看到各位创业者在使用这本书的过程中有所突破，化茧为蝶，创造出一片多彩纷呈的美丽世界！

杨全红

目　录

第一章

为什么要采用 OKR

1.1 时代呼唤 OKR

OKR 即目标和关键成果法，其发明者是英特尔公司前首席执行官安迪·葛洛夫。但是真正使它名扬天下的，是从 1999 年安迪·葛洛夫将 OKR 介绍给谷歌的两位创始人开始，OKR 在谷歌取得了巨大成功。数年间，OKR 不仅风靡硅谷，而且超越行业，超越国家，横扫大洋两岸越来越多的公司，成为信息时代最具代表性的管理工具。

OKR 既可以用于初创的小微企业，也可以用于十万人以上的超大企业；既可以用于政府部门，也可以用于慈善机构；既可以用于企业管理，也可以用于个人管理；甚至在疫情下等非常时刻远程办公，它也能大显身手（具体示例请见本书第二十章）。

比迅速普及更具备说服力的，是应用 OKR 的公司展现的令人瞠目结舌的高增长率。无数初创公司在 OKR 的支持下，由籍籍无名迅速崛起为行业独角兽，甚至成为垄断巨头，著名的 FAANG（脸书、苹果公司、亚马逊、奈飞、谷歌的合称）即为其中佼佼者。当然，这样绚丽的业绩背后有诸多因素，但是无可否认，OKR 是其中重要的推手之一。

1.2 OKR 带来的超能力

OKR 为企业带来的益处远远不止于业绩和市值的增长，采用过 OKR 的公司经常提到的优势有：战略聚焦、简单灵活、公开透明、全员参与、协调取齐、挑战极限。

OKR 的优势如此炫目，甚至被戏称为"OKR 的超能力"。而且 OKR 很年轻，还在不断发展。随着越来越多的公司加入使用行列，

OKR 也注定会演化迭代，谁能预测还有哪些优势会被开发出来呢？

1.2.1 战略聚焦

一位帮助了数十家高增长公司成功实施了 OKR 的咨询顾问认为，战略聚焦是迄今为止最重要的优势。当你身处一个高速发展的企业，身边很可能是"全明星梦之队"，每一个都富有生产力和创新精神，梦想着改变世界。尤其是外部市场变幻莫测的情况下，你们的创意火花层出不穷，总会有新的事情要做，但是团队很难焦点一致。OKR 提供了一个框架，该框架不会抑制行动力，而是引入有纪律的思考，将行动力引导用于实现优先目标。

★ **小贴士**

如果你的公司还很年轻，那么你很可能会遇到聚焦问题。这是上进心强的团队的共同困扰——太多激动人心的目标在闪闪发光地诱惑着资源有限的年轻团队。

在取舍的时候，决定做什么与不做什么同样有价值。甚至有人说，选择放弃什么目标比选择投入哪些目标更加重要。

设置第一个 OKR 可能很痛苦，但是不要因此而灰心。请记住，制定你的第一个 OKR 将是一个很好的学习过程。

1.2.2 简单灵活

过去几十年，很多有效的企业管理工具不断涌现，如：愿景使命、企业战略、战略解码、商业计划、年度预算、职位说明、指标分解、绩效管理等。

这些工具虽然逻辑非常强，结构非常清晰，在过去几十年的使用中也显示出可靠有效，但是总给人非常沉重、古板僵化的感觉，在当今瞬息万变的商业世界里，在信息化的浪潮里，总是有点计划跟不上变化。

OKR 像精灵般横空出世，它吸收了上述管理工具的精华，但又不与其冲突。它既适用于初创企业，又能在十万人级别的集团中大显身手，难怪数年间能风靡全球。

1.2.3 公开透明

公开透明包括以下几个维度。

人群维度：所有人的 OKR，上到首席执行官下到新员工，全部公开发布。每一个员工都知道首席执行官的工作焦点，每个部门都知道其他部门的工作重点。

时间维度：不仅当季的 OKR 公开发布，连过去季度的 OKR，包括过去季度的得分，全都有公开链接。这样大家都知道某一个项目进展如何，为什么继续推进或者为什么不推进。

媒介维度：每个人的 OKR 不仅发布在内部系统上，而且内部邮件地址、推特等社交媒体等都有链接（在商业机密允许的准入范围内），已经超越了规划工具而变成宣传工具。

1.2.4 全员投入

规划最大的敌人就是不实施。再精美的规划，如果仅仅停留在纸面上，价值也等于负数。自带互联网去中心化基因的 OKR，与以往"先规划再动员"的路径不同，从一开始就强调全员参与，并且实实在在地要求一半以上的关键结果来自底层输入。员工不只是按照公司的意图被动参与过程，而且被鼓励将自己的意图转变成商业规划，亲手实现它们。对于信息时代的从业者，这个机制的激励作用不可小觑。

这种参与不仅反映在内容上，也反映在形式上。无论是自上而下还是自下而上的输入，都不推崇采用过去那种冗长死板的"八股文体"。目标的诠释应该激励人心，文体可以轻松有趣，描述应该简短生动，版面应该简洁明朗，让人看了能量满格，全心投入。应该说，这是一个更高的要求，大家都还在探索的路上。

1.2.5 协调取齐

主要指 OKR 将各部门、各团队、各层级的努力协调一致，共同朝向公司的目标，也指管理者、团队和员工将他们的日常活动与组织目标明确联系起来的一种状态。这种状态的大前提是 OKR 的公开透明。

谷歌的瑞克·克劳对 OKR 的这个性能称颂有加。他举例说，因为所有人的 OKR 都公布出来，在此人的邮箱、社交媒体、内网等随处都有链接，所以公司的任何人都知道另外一个人的目标和关注点，这非常有助于提高合作效率。比如，他本人曾经任负责某一个平台的产品经理。如果其他部门的同事想在他负责的平台推销某一个产品（所有人都喜欢在他平台上推销产品），那么跟他预约会谈之前，上网查查他当季的 OKR，就会把他的态度揣摩个八九不离十；如果想推销的产品与他该季度的关注重点有吻合之处，那么推销很有可能成功；如果新的产品对于他的关注点形成干扰，那么结果可想而知。当然，他锲而不舍的同事仍然可以选择继续推销，但是开会前就可以预知他的态度，有助于同事准备好合适的说辞和备选方案。例如调整自己的产品与平台的目标取齐，或者时间稍微推迟，这次会上只介绍一个概念，真正的推广动作留到下个季度等，以此来提高说服他的可能性。

从上面例子可以看出，OKR 从源头上有助于各方协调立场，取齐步调，提高合作效率。传统方式下，很多协调、校准、谈判、妥协等功夫，从源头上就无声无息地省去了。

1.2.6 挑战极限

谷歌的创始人之一谢尔盖·布林是挑战极限的大师。他经常说，"我宁可让员工把火星作为目标，最终即使够不到星星，也可以在月亮上登陆"。在谷歌，OKR 得分 0.7 已经是极其高的分数，如果有人得了满分，那很可能是目标设立得不够有挑战性。

不仅是谷歌，一众高增长的公司都觉得 OKR 这个特点深得其意，用起来得心应手。那么挑战极限是否是由 OKR 造成的呢？

马云在创业初始，曾经向无数受众宣传他的构想，得到的回应是："你这是想要把一艘万吨巨轮抬到珠穆朗玛峰上啊？"应该说，做出这个反应的听众，起码是听懂了马云想要做什么。20 年后，阿里巴巴对世界做出的改变，确实不亚于把万吨巨轮抬上珠穆朗玛峰。而达成这种巨变的，是每一天、每一个季度，阿里人挑战极限的努力。虽然当时的阿里还没有开始使用 OKR，但是对于类似胸怀大志的公司，无论采用什么管理工具，它的目标一定是雄心勃勃的。OKR 只不过因其灵活性而特别适用于这样的公司而已。

1.3 练习：筛选并聚焦 OKR 的目的

练习一

从下面选择你要采用 OKR 的最重要的原因：

□ 战略聚焦　　□ 简单灵活　　□ 公开透明

□ 全员参与　　□ 协调取齐　　□ 挑战极限

□ 其他

练习二

用自己的语言来解释 OKR 将如何帮助你改善业务。（即将实施 OKR，你要做的第一步就是说服管理层，为什么要实施 OKR？它会帮公司达到什么目的？最好提前组织好语言）

第二章

什么是OKR

2.1 O 和 KR 分别代表什么

OKR 是英文缩写，意思是目标和关键结果，用发明者安迪·葛洛夫的话说：

O（目标）= What（做什么？）

KR（关键结果）= How（如何做？）

或者说 O 是方向，KR 是"我到达了没有"（是或不是）。

举一个简单例子，当约翰·杜尔来到谷歌的办公室，想说服谷歌管理层采用 OKR 的时候，他甚至为这次研讨会设置了以下这样一个OKR。

O	开发一个可行的规划模式
KR	— 在 ××（具体时间）内按时完成演示 — 完成一组包含 3 个月目标和关键结果的样本 — 使管理层同意建立一个为期 3 个月的试用系统

显然，他这个会议的 OKR 是非常成功的。从那时候开始，每个季度，每个谷歌人都写下自己的 OKR，评分评级，并公布在内网上。它并不用于晋升，也不用于奖金，OKR 的目的远远高于此。这是每个人的以及整个公司集体的承诺，朝向一个共同的目标，从始至终，从未松懈。谷歌的管理层甚至说，不能想象如果没有 OKR，他们该如何管理这家公司。

2.2 什么是好的 OKR

2.2.1 好的目标和关键结果

● 目标总是定性的，激励人心的，是你和团队或组织旨在实现的目标。它应该是一个清晰的、单行的声明，有意义、以行动为导向，并且是鼓舞人心的。

★ 小贴士

在撰写目标时，我们通常会凭直觉来问：

（1）这目标有意义吗？是重中之重吗？它是否阐明了方向？

（2）它大胆吗？结果是理所当然，还是让我每天所做的事情更上一层楼？与今天相比，它是否可以让我们发生重大变化？

（3）它有启发性吗？目标容易记住吗？它是否能为我的团队赋能？

● 关键结果始终是定量的，可衡量的。结果会直截了当地告诉你，你是否实现了目标，因此应该适合度量，不存在任何疑问。即使结果是"是／否"，也可以视作二进制下的数字。例如，"通过考试"是有效的数字结果，其值可以为"是"（1分）或"否"（0分）。

★ 小贴士

在撰写关键结果时的问题：

（1）它们是具体的和有时间限制的吗？是否明确说明需要发生什么以及何时发生？

（2）它们是激进的还是现实的？它们是否有达成的可能性，而不是太离谱以致永远无法完成？

（3）它们是可衡量和可验证的吗？何时达到成功的标准是否明确？

2.2.2 OKR 的具体要求

- 简单明了，篇幅最好在一页以内。现在基本都用电子版了，但是长度依然以一页纸以内为佳。试想每人只有三个以内的 O，每个 O 各自有三个左右的 KR，总共才十多行字。

- 具有挑战性，不应该是舒舒服服或者维持现状就能够达到的。当一个季度开始时，你对能否达成该季度的 OKR 应该感到惴惴不安，而不是十拿九稳，否则说明你没有给自己足够的压力，可能是力度不够，也可能是视野宽广度不够等。试着逼自己一把，你的潜力会让你对自己刮目相看的。

- 每个季度、每个年度的 OKR 都设置更新。年度 OKR 并非是刻在石头上一成不变的。每年 11 月份设立下个年度的 OKR，但是如果到了次年 5 月，内外部情况大幅度反转，需要做出调整，那么就相应修改，而不是僵化地遵从年度周期。OKR 是辅助工具，不是用来捆绑手脚的。何况，在瞬息万变的时代，如果死板地等候年度结束才调整，商机早就不在了。

- 具体、可衡量。好的 KR 可以让所有人在季度末一目了然地对达成情况客观打分而不产生歧义，不是各有各的理解，为了如何诠释 KR 而争吵不休。例如："将 ×× 应用功能改得更好"就是一个很差的例子，因为每个人心目中对于"更好"都有不同的定义。你心目中的更好，可能是页面更美观，但是别人心目中的更好，可能是用户流失率降低多少，使用户操作所需的平均时长降低多少等。具体衡量方法可以参考目标管理原则。

- 关键结果可能是指标（KPI），也可能是活动，这是 OKR 与 KPI 的不同之一。

● OKR 应该很有趣，每天早上看着这短短的几行字，应该让你充满能量；每天晚上入睡前，应该离你的目标更靠近了一点，这本身就很激动人心。

★ 小贴士

OKR 不是绩效评估武器，要知道，谷歌和其他实行 OKR 的公司依然有标准的年度绩效评估，因此 OKR 并不是年度绩效评估的一部分。关于这点最容易混淆，具体阐述请参见第二十章相关内容。

2.3 练习：试着写自己的 OKR

练习一

用你自己的语言说明目标和主要结果是什么。

目标是：

主要结果是：

练习二

以自己为例，创建一个示例目标和一些与你的业务相关的关键支持结果。

我的目标是：

关键结果 1：

关键结果 2：

关键结果 3：

2.4 OKR 的初步分类

随着 OKR 体系的成熟，更多的细分类别浮现出来。刚开始涉足 OKR 的时候，我们不要求大家在每一次设计的时候都覆盖所有的类别，这也不现实。但是了解并试用这些不同的类别，可以让我们的 OKR 更加丰满立体，而不是枯燥单一。在本书的第十一章，我们会深入阐述这些不同类型的 OKR 如何去设计与平衡。

以下分类从各自不同的角度去区隔，彼此并不冲突。就像观看一个魔方，可以从正面看，上面看，也可以从侧面看。

（1）公司层面 OKR、团队层面 OKR、个体层面 OKR

（2）年度 OKR、季度 OKR

（3）投入型 OKR、产出型 OKR

（4）数量型 OKR、质量型 OKR

（5）承诺型 OKR、期望型 OKR、学习型 OKR

（6）领先型 OKR、滞后型 OKR

更多分类请见后续章节。

第三章

如何组成 OKR 项目组

3.1 为什么要有 OKR 设计小组

在管理中，对于采用任何新流程或新做法，成立一个项目组要好过个人孤军奋战，OKR 也不例外。我们发现，尽早将你的关键成员以项目组形式组织起来，对于 OKR 的成功至关重要。如果细分，设计阶段与推广实施所需的素质要求不尽相同，建议由同一个项目组从设计到实施负责到底，但是里面的角色有所侧重。

3.1.1 项目组组成以及职责

项目组成员并非全职，可能包括：

（1）一位高层管理人员，作为 OKR 的发起人、倡导者和坚定的支持者；

（2）相关职能部门的代表，从管理的角度进行制度设计，并推广实施 OKR 流程；

（3）一两位业务部门的主管，协助业务部门输入，并且有可能提供试点部门；

（4）一位工作层成员，后续负责流程和实施的，提前加入设计阶段项目组，并从实施可行性角度参与设计（这就是 OKR 实施大师）。

具体人数可以根据自己公司的情况酌情增减。小型公司可能有一两个人就可以兼顾了，超大型公司恐怕要加各个事业部的代表，具体组成可以参照公司其他管理项目组的构成。

3.1.2 设计组成员的画像

对于设计小组成员的要求：业务专家；深谙绩效与员工行为的关系；心态开放，接受创意；了解外部实践操作；能站在整个公司的高度想问题，而不是仅仅考虑自己主管的部门；务实而实际。

当然，没有任何人是全能的，只要整个小组集合了以上特质就可以。事实上，这也是很多时候成立设计小组的原因，没有单个人可以具备设计所需的所有特质。

3.2 练习：组织你的 OKR 设计小组

心中草拟一个设计小组的名单。

邀请你名单上的每位成员来设计 OKR 的规则和实践。

3.3 为什么要任命 OKR 实施大师

OKR 的负责人是你团队中的一个人，负责确保 OKR 的实施无懈可击。任命 OKR 大师是实施 OKR 时最重要的事情之一。如果忽略此步骤，OKR 的实施往往就是失败的。

3.3.1 出色的 OKR 大师的特点

那么，谁适合这个角色呢？在寻找自己的 OKR 大师时，请记住要符合以下特点：

他们是雇员，而不是外部顾问；是运营层面的专家（建议不要让高管担任这一职务）；热衷于 OKR；享受指导和辅导；有组织性，有承诺。

3.3.2 OKR 实施大师的职责

（1）确保团队遵循商定的 OKR 实践；

（2）指导和训练团队进行 OKR 流程；

（3）促进 OKR 的采用；

（4）帮助团队提出重要目标和关键成果；

（5）管理 OKR 工具。

在采用 OKR 的过程中应尽早任命 OKR 大师，因为这将是成功启动 OKR 的关键。

★ 小贴士

中小规模的公司里，OKR 实施大师由一个人担任即可。如果是大型集团，无论从人数规模还是业务分布都很多元化，最要紧的是，其他管理流程也不是集中化的，那么也许要考虑多人担任 OKR 实施大师共同推动这一流程。

任命并宣布你的 OKR 实施大师（或大师团队），然后庆祝吧！

第四章

如何选择一个试点群体

4.1 为什么要选择一个试点群体

公司的规模对推行 OKR 有影响吗？多大规模的公司应该推行 OKR？

事实上，多大规模的公司都可以推行 OKR，当公司规模还小的时候，比如只有 5 个人，是很容易推广 OKR 的。这 5 个人将来可能各自带 100 人的队伍，那时他们会自然而然地将 OKR 的做法推广到他们的队伍中。

★ 小贴士

曾在谷歌负责博客产品的瑞克·克劳回忆，由于 OKR 已经深入人心，嵌入他们的工作习惯了，哪怕在他调换职位之后，他仍然坚持做 OKR。这个工具无时无刻不在帮助他规划聚焦，因此即使现在已经无人监管了，他仍然使用 OKR 规划自己每个季度的工作。而且，现在只要看一看过去几年的 OKR，就能一目了然地回忆起，在那忙碌的岁月中，最大的成就是什么，最难过的关口是什么。对于公司、团队和个人，这都是一个非常好的记录方式。

但是，公司的规模对于初次推广 OKR 的方式会有影响，尤其是试点群体的选择。除非团队极小，否则最好选择几个人作为试验组。

4.2 选择试点群体的两种方式

公司选择试点小组有两种基本方法：选择某一层级（例如管理层）或某一职能部门（例如研发部）。两种方法都各有优势，可以根据自身情况来决定哪种才更有意义。

选择管理层作为你的试点小组通常效果很好，因为管理层相对成熟，习惯于朝着目标努力。目标将更具策略性，OKR 的一致性优势将大放异彩。但这种方法的缺点是，当试点结束后全员推广时，有点像从管理层"空降"的感觉。

选择一个试点职能部门的好处是，可以看到整个过程在各个层级是如何进行的，从该部门中的最低职位到最高职位的人都可体验这个过程，并且可以给出各自的反馈。如果 OKR 在试点团队中有效，并且被其他职能部门看到，他们会更愿意采用 OKR，整个公司的推广实施会更顺利。反之亦然。

无论你采用哪种方法，我们始终建议采用渐进方法。关于推广实施的更多信息在本书后续章节中会有专门介绍。

★ 小贴士

对于规模更大的集团公司来说，试点方式可能不限于以上两种。我们看到很多公司大都考虑各个事业部的性质，让工作性质最贴近的业务单元先行。例如，有好几年，华为在"2012 实验室"开展 OKR，其他各个事业部和子公司仍然采用传统的业务规划和绩效管理方式。

4.3 练习：选择你的试点群体

选择一组将在你的公司中试用 OKR 的人员。
定义 OKR 试点的时间长度。

第五章

如何设定 OKR 基本规则

关于 OKR，你会发现许多"基本规则"或者"最佳实践"。但实际上，每家公司引进 OKR 时都会进行一些调整。根据我们的经验，只要这些调整适合公司的情况，只要每个人都同意这些调整，就完全没问题。在这里，我们列出了一些最重要的方面，这些方面将定义 OKR 流程。

5.1 公司、团队、个人

第一个决策是很容易做出的：根据公司的组织结构和业务规划，需要在哪些层面上设定 OKR？集团公司和事业部需要设定吗？团队中有没有分更多层级？

5.2 OKR 目标数量

一个团队或个人可以拥有的最大目标数量是多少？各家公司要求不同，但是大多集中在一个很窄的范围：3 ~ 4 个，但不超过 5 个仍然可以考虑。

一开始实施的那个季度，我们甚至建议将此数字设置为 1，先试着实现一个目标再逐步增加。逐步过渡到稳定状态后，一个人或一个团队在每个计划时期（例如每季度）最多应具有 3 个目标。

★ 小贴士

刚开始推广时，目标数量可以是个渐进的数字。如果员工同时专注 3 个目标有困难，可以尝试每个人只设 1 个目标。首先，在极端简练的形式下，快速学习专注的价值。随着大家对于 OKR 的熟悉，逐渐加到 3 个目标。

5.3 OKR 关键结果的数量

对于每个目标,关键结果的最大数量是多少？有些公司并没有限制，但以我们的经验来看，3 个最好，而 5 个仍然可以接受。如果 1 个目标似乎需要 5 个 KR 以上，请尝试将其分解为 2 个目标。

5.4 练习：设定适合你的公司的基本规则

定义你选择的 OKR 设置层级。

确定个人或团队可以拥有的最大目标数。

选择应附加到每个目标的最大关键结果数。

5.5 案例分享：博客产品的 7 个目标

博客产品的负责人瑞克·克劳回想，他曾有一个疯狂的季度，最多有 7 个目标。那个季度他濒临崩溃，而且最终达成情况也并不满意，这实在可以理解。可见，在工作量本身已经超级饱和，目标也极具挑战性的前提下，太多 OKR 是不现实的。

换一个角度思考目标的数量问题：一个季度只有 13 周左右（这还

不算节假日和年假等其他缺勤时间）。如果设立 3 个目标，那么平均每个目标只有 4 周多的时间去完成，这对于战略性的、重要的目标达成其实是相当紧张的。当然，实际工作中我们的时间是穿插分配在各个目标上的，但是这个角度可以让我们现实地估算一下，真正能投入到每个目标实现上的时间，免得盲目承诺，最后变成一地鸡毛。

第六章

如何设定 OKR 周期

6.1 常见的 OKR 周期

在采用 OKR 时，我们需要确定计划周期的长短或目标的频率。

最常见的节奏是按季度。首先，大多数企业已经按照财务季度运营，因此通常感觉很自然。其次，许多人声称 3 个月是实现宏伟目标的最佳时间。所以，季度是最常见的 OKR 周期。

但也有比季度更长或者更短的周期，而且都很适合各自的情况。像字节跳动这样大型的互联网平台，就选择半年作为 OKR 的周期。而高成长性的初创型公司往往会以更高的速度移动，并且环境往往会快速变化，因此许多公司的节奏会更短。我们发现，在快速变化的环境中，6 ~ 8 周的节奏最为有效。

6.2 设定周期的具体日期

设定周期不只是在年度和季度之间打个勾这么简单，OKR 是个周而复始的过程，员工需要知道各种活动的具体日期，才能步调一致。需要结合自己公司的财年或者其他周期，把每个关键里程碑标注出来并发布给员工。

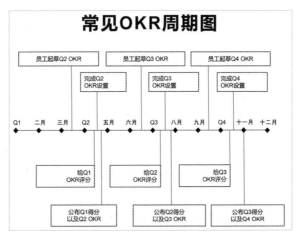

注：Q1、Q2、Q3、Q4 分别指第一、二、三、四季度

以最常见的季度周期为例，上图是一个比较笼统、概括的样例供参考：

下面是一个文字描述版本供大家参考：

日期	活动
一月一日	开始执行一季度 OKR 并监控进展
三月中旬	开始起草二季度 OKR
四月第一周	员工自己进行 OKR 打分
四月中旬	完成二季度 OKR
四月下旬	在公司大会上演示一季度 OKR 得分，并公布新的二季度 OKR
整个二季度	执行二季度 OKR 并监控进展

就这样周而复始。

当然也可以选用如下这种日历版本的：

6.3 练习：设定你的 OKR 周期

设定 OKR 的计划节奏并将其传达给团队。

6.4 OKR 跟踪会议节奏

除了 OKR 的设置周期以外，团队应该多久开会跟进一次 OKR 的进度？这是一种类似企业周会形式的、简短的、例行的跟踪会议（有公司叫作"签到"）。通常每周一次，也有公司选择两周一次。

时间建议控制在半小时之内。无论用哪种方式描述，每周半小时对于员工来说已经是很大的负担，如果能够两周一次，就是很大程度的"减负"了。

6.5 练习：设定 OKR "签到" 会议节奏

设定公司 OKR 跟踪会议的节奏并将其传达给团队。

第七章

如何设置 OKR 的方法

7.1 设置 OKR 的三种方法

自上而下：所有目标均由经理或上级主管设定。在某些情况下，首席执行官为整个组织设置 OKR。

自下而上：员工根据自己的岗位认为应该实现的目标设置自己的 OKR。为此，应明确定义公司的 OKR、使命和愿景。

协商谈判：经理或主管与员工就 OKR 进行协商谈判。经理通常可以问："咱们部门需要在本季度达到 ×× 目标，你将如何帮助我达到？"

7.2 "自上而下"与"自下而上"的结合

大多数公司最终都会使用这三种方法的某种混合，因为这是在经理管理团队的需求与个人拥有自己的需求之间取得平衡的理想选择。

其中公司和团队层面的 OKR 往往是自上而下，而个人层面的目标会加入更多的自下而上的成分，最终通过双方协商而达到平衡。

让人惊喜的是，很多时候来自底层的建议非常有灵感、有激情，尤其在初创企业里。无论是否被采用到当季 OKR 里，管理者都应该认真消化吸收来自基层的声音。

无论选择哪种方法来设置 OKR，请务必牢记每种方法的利弊：

自上而下：促进协调，快速计划

自下而上：促进参与和动力，不需要太多协调

协商谈判：自上而下与自下而上之间的中间立场

★ **小贴士**

理想状态下，最终的产出中，有 60% 以上的目标和关键结果是自

下而上提出的。

无论最终方案是哪方提出的，都需要双方同意才发布。

7.3 练习：决定适合你的设计方法

你选择哪种方法来设置 OKR？

第八章

如何进行 OKR 的推广和沟通

8.1 OKR 的沟通准备

每个员工都需要清晰了解，整个 OKR 流程，这个季度的三个月里，每个节段，每个人需要做什么。但又不能过度沟通，因为信息的狂轰滥炸会让员工反感。因此，做一个沟通计划就非常有必要：

谁？什么时候？传达哪些信息？给哪些受众？采用什么媒介传达？沟通频率如何定？

虽然推广和沟通是极其个性化的事情，每家公司甚至不同员工的接受程度不同，但是仍然有些共性。很多成功推出 OKR 的公司总结出以下最佳实践，希望能对大家有所启发。

8.2 如何第一次推出 OKR

一旦确定了公司的目的并聚焦 OKR 的某一种"超能力"，就有很多方法和选择来推出 OKR。一些公司和组织可能会在一个月的时间内将框架在整个组织内生效，而另一些则认为执行渐进式的推广更好，他们会在一个团队内试行 OKR 方法，然后再在整个组织内实施。

在这两种情况下，在工作环境中推进任何事情都需要领导团队的承诺。因此，在整个组织实施 OKR 之前，还有什么团队比领导团队更适合进行试点呢？正如约翰·杜尔在《衡量至关重要者》一书中所说："除了专注，承诺是我们第一种超能力的核心要素。在实施 OKR 的过程中，领导者必须公开承诺他们的目标并保持坚定不移。"在领导团队中的高层 OKR，可以让组织的决策者在要求其他团队做同样的目标设定之前，建立起理解 OKR 的基础。

然而，即使你不是领导或执行团队的一部分，你也可以从特定部门或团队开始建立并设定 OKR。在团队中引入并最终试行 OKR 时，以下几点至关重要：

第一，清楚而全面地介绍这个框架，并分享其他公司使用 OKR 的成功案例。不仅要传达全公司 OKR 框架的好处，还要包括它将如何具体满足你的团队的独特需要、需求和挑战。

第二，一开始少制定几个目标，有 3 ~ 5 个关键结果。约翰·杜尔在《衡量至关重要者》一书中写道："我们必须意识到——并在意识到的基础上采取行动——如果我们试图关注所有的事情，我们就什么都关注不了。"优先性和简单性是目标和关键结果框架的核心。尽管在面对许多需要实现的目标和挑战时，这可能是一个严格的优先排序过程，但 OKR 过程将帮助领导者更好地将注意力和资源投向公司目标。

第三，你要决定如何将 OKR 在团队或组织中层层推进。由于目标管理的方法有很多，所以提前计划并想出框架实施计划是很重要的。考虑到你的组织的结构、需求和挑战，你可以问自己以下问题：

OKR 是按季度还是按年度来审查？

当我们采用了 OKR，是否会有组织、部门和个人团队成员的三个层次，还是只有一个组织范围内的层次，每个人都要遵循？

第四，利用现成的海量 OKR 资源。目标设定和在整个组织中推广一个框架并不是一件小事，但你的团队并不是唯一想通过使用 OKR 获得成功的。有一些资源可以帮助指导你的 OKR 实施过程。例如，本书会配合若干次直播，介绍如何解决常见的挑战和问题，比如实施多少个 OKR 和评定，以及评估 OKR 的最佳方法。此外，许多公司和组织利用免费工具和付费软件也能更好地进行 OKR 跟踪。

实例

如前所述，有几种策略可以试行 OKR。考虑到组织的目标和规模，当务之急是探索什么方法对自己团队最有效。以下是几个真实例子，说明不同组织是如何试行 OKR 的。

- MASS 设计集团首先在他们的运营部门试行 OKR，然后在第二年将其推广到组织的其他部门。这使得该团队能够确定挑战和好处是什么，并在制定目标时在其最高级团队成员中建立起对该框架的拥护。

- 青年投资论坛的撒迪厄斯·费伯在他领导的小型政策团队中试行了 OKR，作为确定目标优先次序和更好地衡量影响的一种方式。论坛的领导团队对这个过程的结果印象深刻，决定第二年在全公司实施 OKR。

- 除了将目标和关键结果纳入每一次定期会议，无论是一对一还是团队会议，提供健康管理服务的 Possible Health 公司和尼泊尔的 Nyaya Health 公司都利用了 Asana（一款任务管理软件）等定制软件工具来帮助管理其流程。该框架最终被推广到其运营、临床、共享服务和社区团队中。

拥有一个 OKR 倡导者

无论推广策略如何，拥有一个倡导者是关键。由于人们通常对组织变革持怀疑和不情愿的态度，试点是建立倡导者的一个好方法。为了给将来做参考，一定要不断注意实施中的成功领域和薄弱环节，以便成为其他团队的最佳资源。这个倡导者可以是你，也可以是你任命的设计小组或者 OKR 实施大师。

8.3 常见问题：我们应该多快推出 OKR

在采用目标和关键结果方法时，精心策划推出 OKR 至关重要。一旦做错了，整个过程会给员工留下不好的印象。做对了，它可以为公司各级 OKR 带来兴奋、敬业度和信心。

OKR 方法是一个简单而强大的目标管理系统，它使组织保持专注、一致并致力于实现其最理想的目标。通过透明地定义组织的延伸目标以及实现这些目标所需的步骤，OKR 向所有员工明确他们的工作如何与公司目标相联系。然而，简单并不意味着容易。为了使 OKR 真正为你的组织工作，推出 OKR 需要深思熟虑和持续的承诺。

实现成功部署的最大因素之一是速度。是在一个季度内在全公司范围内推出它们吗？还是先与领导团队一起试用几个季度，然后再将它们分解到组织的其他部分会更好？这取决于你的公司的实际情况。

没有绝对正确的方法来推出 OKR，但是，一些常见问题解答将助力你的团队取得 OKR 的成功。

8.3.1 这是一场马拉松，而不是短跑冲刺

OKR 推出的主要目标不是让公司中的大多数人尽快使用 OKR，而是提高运营——为团队打好基础，通过 OKR 取得成功是第一步，也是最关键的一步。

诚实地看看你的公司，看它目前的状态如何？

你的公司是否已经拥有资源和结构来定期设置、分发、跟踪和审查 OKR？你的团队正在编写高质量的 OKR 吗？如果是这样，你可能是少数可以从头到尾开始使用 OKR 的组织之一。

如果不是，则可以采用更渐进的方法，以适应团队可以实际处理的

速度。同样，逐步推出 OKR 的速度取决于自己的公司。

如果这是你第一次实施结构化的目标跟踪流程，或者你对自己的 OKR 写作能力还没有信心，那么从一个较小的团队开始，提高你制定清晰的全公司目标的技能，然后进行扩展，这可能是有意义的实践。在早期阶段，质量比速度可以产生更好的结果。

全公司范围的 OKR 是最好的起点。它们完全由领导团队设定，并围绕公司的高层目标提供重点和一致性。让领导团队看到精心设计的 OKR 的影响以及围绕它们进行有意义的对话将产生的连锁反应，并有助于为未来的推出创造动力。

经过几个周期后，随着公司习惯了 OKR，OKR 扩展到部门、团队和个人层面。

对于一些初创型的小公司来说，暂时只遵守公司范围的 OKR 可能更有意义。员工少于 10 人的公司不一定需要个人 OKR（团队 OKR 和个人 OKR 之间取其一即可）。

8.3.2 一个忠于承诺的领导团队至关重要

无论你选择以何种速度推出 OKR，一个忠诚的领导团队对于采用和设置 OKR 至关重要。

在《衡量至关重要者》一书中，约翰·杜尔写道："正如价值观不能通过备忘录传递一样，结构化的目标设定不会通过法令扎根。OKR 需要领导层在言行上做出公开承诺。"

OKR 是一项集体承诺。这是领导团队必须以身作则的地方。如果公司的领导把 OKR 当作事后的想法，你就不能指望组织认真对待 OKR。

OKR 需要在组织中占有突出地位。领导团队需要分配适当的时间和资源来制定正确的 OKR，使其在整个公司范围内可见，并对其进行跟踪。

在软件实验平台优化，他们指定了一个"OKR 牧羊人"，他为公司中想要获得 OKR 反馈的任何人提供办公时间。在线学习平台技能分享在其规划过程中包含一个协调步骤，以确保公司范围内的 OKR 与自下而上的 OKR 保持一致。

"我们必须坐下来展示这个系统如何增加价值——我们必须让它成为现实。"Possible Health 公司的尼泊尔运营总监高拉夫·蒂瓦里说。

员工必须看到 OKR 会继续存在并且持续有效。每次会议的顶部可以查看它们，在网上和办公室周围也可见。随着员工对框架越来越熟悉，将目标设定为 OKR 就会成为第二天性。

"不断重复这条信息，直到你自己听腻了为止。"约翰·杜尔建议道。

Intuit（美国一家以财务软件为主的高科技公司）前首席信息官阿提库斯·泰森在公司内逐步推出 OKR 时应用了约翰·杜尔的建议，使它们在整个过程中高度可见。在 2017 年目标峰会上，他说："我认为最重要的事情之一是领导层是否真的在使用它，并在日常对话中使用它。在我所有的会议中，我都会展示我的 OKR 并让人们对其进行评论。"

无论你选择采取何种步调，成功地推出都需要出色的 OKR、有意义的对话和反复的练习。

8.4 练习：起草你的 OKR 沟通计划

起草你的 OKR 沟通计划：

谁？

什么时候？

传达哪些信息？

给哪些受众？

分几个阶段？

沟通频率如何定？

采用什么媒介传达？

用什么沟通文件？

有哪些注意事项？

第九章

如何设计公司层面的目标

9.1 公司层面的目标从哪里来

9.1.1 公司层面目标的意义

公司设定年度和季度目标是一种相当普遍的方法，我们建议高成长和早期阶段的公司也这样做。

公司的年度目标应该是最重要和最理想的目标，它将帮助公司实现其使命并按照其愿景执行。

公司范围内的目标和关键结果有助于调整团队，确保所有成员都朝着相同的目标努力。它们为整个组织提供了关于公司当前最重要的优先事项的明确信息。

即使是那些处于高位的人也不能免于错误。麻省理工学院斯隆管理学院和伦敦商学院在 2015 年进行的一项调查显示，在 11000 名高级管理人员和经理中，只有 1 / 3 的人可以列出公司的三大优先事项。这是一个巨大的问题。随着时间的推移，公司可能会被牵扯到很多不同的方向，就是因为部门和员工在没有明确设定优先级的情况下做出决策。

然而，这本来是可以预防的。通过定义全公司范围的 OKR，整个组织将共同致力于实现相同的目标。随着 OKR 向组织分解，部门、团队和个人开始负责确保特定 KR 的完成。然而，通过致力于相同的目标，组织中的每个人都有责任互相支持以实现目标。遵循 OKR 流程可提高员工敬业度。

全公司范围的 OKR 将每个人都拉向同一个方向，成为团队的"北极星"。

9.2 使命与愿景的定义与样例

对于基于使命的组织，成功通常由远大的愿景声明来定义。但是，在"现实世界"中，将使命转化为日常活动可能会让人感到害怕，以至于通常只会在墙上或网站上写下大字。尽管如此，千里之行，积于跬步，OKR就是需要这些步骤。

使命是公司存在的原因，大家可以将使命视为公司永恒的总体目标。有无数由OKR推动其崇高使命的知名组织的例子，包括：TED（环球会议名称）的使命是"值得传播的创意"、世界银行的使命是"到2030年结束极端贫困和可预防的疾病"、奈飞的使命是"娱乐世界"、韦格曼斯（美国一家中型连锁超市）的使命是"每一天都是最好的"、克莱纳·帕金斯（美国最大的风险基金）的使命是"创造历史"。

愿景以使命为基础，考虑到公司目前所在的位置以及希望发展的位置，愿景为如何完成任务提供了更实际的方向。

以下是一些示例：

公司名称	使命	愿景
戴姆勒	生产人们想要购买，享受驾驶并希望再次购买的汽车和卡车。	成为高档乘用车的全球领先生产商，及世界上最大的商用车制造商。
雀巢	制作更好的食物，使人们过上更好的生活。	为消费者提供安全、高质量的食品，并提供最佳营养以满足生理需求。除了营养，健康和保健外，雀巢产品还要带给消费者口味和愉悦的重要成分。

某咨询公司	通过对齐战略和执行来帮助企业发展。	成为快速成长的公司的神经系统，在策略和执行之间的反馈循环是实时发生的。公司允许员工了解战略和管理，以实时观察执行情况，从而为客户提供战略优势。

9.3 写下你的第一个目标

在我们开始之前，需要重申一下，OKR 可能被起草、修改甚至完全推倒重来。虽然从头开始，任何事情都可能令人生畏，但这只是正在进行的过程中的一部分。让我们开始头脑风暴吧。

9.3.1 考虑你的"北极星"

正如我们所讨论的，目标来自你的使命，并受其启发。使命通常是大家共同努力实现的巨大的事情。目标是实现该使命所需要做的最重要的事情。它们是团队下一个周期的号召力。有人将顶级目标称为团队的"北极星"。

所以，花点时间记下你团队的"北极星"。这通常是可以采取的第一步，也是最大的一步。

参考一下美国的 Allbirds 公司。他们的使命是制造更好、更环保的鞋类。或者，正如他们所说，"以更好的方式制作更好的东西"。为了实现这一目标，他们的最高目标是在其行业中实现最低的碳足迹。

9.3.2 收集你的优先事项

为了进行更多的头脑风暴并填写可能的目标列表，让我们列出接下来最紧迫的事情。相信身在企业中的管理者都有很多优先事项：股东的期望，公司的中长期战略规划，这些都饱含了公司层面需要达成的目标。这些目标是每天追着你跑的。

每当我这样做时，我都会问自己以下问题：

我们需要完成的最重要的事情是什么？

我们需要开始做什么或改变什么？

成功是什么样子的？

9.3.3 优先排序

要定义这些目标，请考虑一下，如果一年中你仅能实现三项目标，那将会是什么？

例子：推动更多的追加销售和交叉销售；成为我们行业的思想领袖；增长快于市场。

练习：使用上述问题，集思广益，列出可能的目标。如果你写了 5 个以上，现在把它缩减到最重要的 3 个。

9.4 深入思考：连接目的和利润

9.4.1 重新思考"为什么"

现在你有了草拟的目标，我们现在将对你的目标进行特别检查，以确保它们将目的和利润联系起来。

我们完全理解利润可能是你的主要目标，或者利润可能根本不是你关心的问题。当我们说"目的和利润"时，我们将其用作标记，表示所有好的目标都必须包含一个目的和特定的衡量标准，以推动你前进。目标将"天上掉馅饼"的野心与实际情况相结合。

9.4.2 连接到你的目的

最有可能的是，你的公司有一个使命。有时任务只是交给你，你有责任让它实现。其他时候，你可能需要考虑自己的角色或团队如何在该任务中发挥作用。我们正在谈论诸如：

- 解决世界饥饿
- 制造可以终生使用的产品
- 制作最好的热狗

甚至是团队级别的：

- 为我们的客户提供世界一流的客户服务

要了解你的"为什么"，请花一些时间思考以下问题：

- 为什么我的角色或团队存在？
- 谁是我的"选民"，我们如何让他们感受到？
- 当我们开始工作时，我对我自己和我的团队有什么期望？
- 我们向谁汇报，他们给我和我的团队施加了什么压力？

现在，考虑到所有这些想法，请尝试填写以下空白：

我们是来 _____ 的。我们这样做是因为 _____。

如果可以填上这两处空白，你将对你的"为什么"或目的会有一个很好的、简单的陈述。

9.4.3 维持与成长

通常，我们的目标和目的可能是关于赚钱。销售目标不一定是目标，但它们可以是一组目标中的一个。其他组织，如非营利组织或政府，可能不需要将利润放在首位和中心，但很可能会有某种收入目标。

关键是我们都有"数字目标"，我们需要达到生存。

在考虑目标时，从盈利心态转变为持续和成长心态会更有用。维持你现在的水平需要什么？超越你目前的水平需要什么？

本质上，我们谈论的是组织的模型。清楚地了解你的目的和利润之间的关系，并且需要在接下来的 90 天内做出改变，将帮助你制定更好、更有效的目标和一系列关键结果。

如果你需要一个提示来开始，请尝试填写以下空白：

我们通过 _____ 来维持自己，以便 _____。

9.4.4 目的 + 利润

这是目标的特殊之处。它们将我们的宗旨目标与利润目标结合起来。

回到上节的目标清单，看看你缩小范围的目标，然后问自己："这个目标与我们的目标有联系吗？它是否也有助于我们成长和维持？"

如果答案是否定的，请尝试将缺少的内容注入你的目标中。现在你的年度目标就完整啦！

9.5 公司层面季度目标

一旦确定了使命、愿景和年度目标，确定第一季度的目标就非常简单了。季度目标应与年度目标保持一致，但应更具战术性。

例如：

提高入门级客户的追加销售；获得媒体报道；提供新的垂直解决方案。

9.6 练习：起草并完善你的公司目标

9.6.1 起草公司的年度目标

O1（目标）	
O2（目标）	
O3（目标）	

9.6.2 起草公司的季度目标

O1（目标）	
O2（目标）	
O3（目标）	

第十章

如何设计公司层面的关键结果

10.1 关键结果的科学

10.1.1 前往我们的 KR

我们已经制定了目标，并着眼于让它们变得更好。查看目标列表，你可能会想："这一切都很棒，但我该如何实现这一切？"

这是一个完美的问题。关键结果都是关于"如何"的。

关键结果是衡量指标和里程碑，表明你知道自己将如何实现目标。

每个目标都有自己的一组关键结果，这个关键结果至少有 3 个，但不超过 5 个。没有关键结果就不能有目标，反之亦然。这就是使这个目标设定系统如此独特的原因。"重要的是什么"本质上与测量和衡量有关。

请记住，好的关键结果有几个基本特征：

它们是具体且有时限的；

它们是远大的，但现实可行；

它们是可衡量和可验证的。

10.1.2 我们该如何开始

首先查看每个单独的目标并问自己："为了使这个目标成为现实，在接下来的 90 天内必须改变的 3 ~ 5 个重要的事情是什么？"

请注意，根据公司的规模，你很可能有 3 个以上的年度目标。但是请记住，OKR 是重点，不能面面俱到。我们强烈建议你设定 3 ~ 5 个年度目标。关键结果应该是具体的和有时限的。例如：

O	成为发展中国家排名第一的免费手机银行应用程序
KR1	到 7 月，每周注册量提高 15%
KR2	在 8 月之前推出所有语言的营销活动
KR3	在 9 月之前在所有国家 / 地区建立至少一个网络接入点

让我们考虑一些关于关键结果的基本注意事项，以便在进行头脑风暴时牢记。

10.1.3 目标与关键结果相互依存

关键结果不是要实现的独立小目标，而是实现目标的垫脚石。

因此，如果你可以在不完成关键结果的情况下实现目标，那么你的关键结果可能不是正确的。

如果你觉得自己可以完成所有关键结果，但仍未实现目标，那么情况也是如此。关键结果确定了将目标变为现实的基本指标。

看看 Allbirds 公司的这个 OKR，以及所有这些关键结果对于使目标成为现实至关重要：

O	在我们的行业中创造最低的碳足迹
KR1	供应链和运输基础设施 100% 零浪费
KR2	为计算出的二氧化碳排放量支付 100% 的碳补偿
KR3	25% 的材料是可堆肥的
KR4	75% 的材料是可生物降解的

10.1.4 进步与成就

好的关键结果集不仅仅是简单的指标。将每个关键结果视为自己的标记，就像足球比赛中的一系列失误一样，如果我们继续成功地在场上前进，最终我们会达到目标。

关键结果应该衡量你在实现目标的过程中每周取得的进展。你需要设置哪些标记以确保自己朝着正确的方向前进。

在这个用于构建跑步 10 英里（1 英里约合 1.6 千米）的 OKR 中，很容易看到每个关键结果如何具体列出衡量指标，以显示实现目标的正确进度：

O	到 6 月底之前，在 ×× 分钟内跑完 10 英里
KR1	每周跑步 3 次，每次至少 30 分钟
KR2	每周增加 1 英里的跑步距离
KR3	每周将每英里速度提高 5 秒

最好的关键结果集也能体现成就。它们具体说明了我们正在取得的进展的类型和数量，为自己定义每个关键结果的成功。这些成功的总和也应该意味着你成功地实现了自己的目标。

10.1.5 正确的关键结果需要一些研究

由于关键结果是衡量标准，我们将制定具体的目标和数字。通常，这需要你的组织提供一点"情报"。可能会涉及研究，以便能够定义可能的最佳关键结果集。

为了设定基准，你需要知道你对标的基准对象是什么。这可能是你过去产出的进步，甚至可能超过你的竞争对手设定的基准。

不要害怕花时间深入挖掘并找到在实现目标的道路上真正重要的关键结果。

看看下面来自美国 Superhuman 公司的 OKR。很明显，完成这些关键结果需要一些商业情报和多个团队的合作。

O	将整个 Superhuman 体验提炼为卓越品质
KR1	到本季度末，年度经常性收入从目前的 ×× 美元增长到 ×× 美元
KR2	移动：将情绪值从目前的 69% 提高到 75%
KR3	桌面：将情绪值从目前的 89% 提高到 92%

★ 小贴士

认识到自己使用的指标可能会产生连锁反应至关重要。例如，2012年，优兔（美国一个视频网站）决定将其重点从跟踪观看次数转移到跟踪观看时间。原因是更长的观看时间比更多的用户满意的观看次数更好。随着他们以新的关注时间更新网站及其算法，每日观看次数也随之增加。然而，关注观看次数可能会对观看时间产生相反的影响。

10.1.6 更多公司层面 OKR 样例

Zume 是一家自动披萨送货食品卡车初创公司，它表明 OKR 可以简单明了。请注意它如何清楚地列出需要满足哪些指标才能实现既定目标。

O	取悦客户
KR1	净推荐值为 42 或更高
KR2	订单评级为 4.6/5.0 或更高
KR3	在盲品测试中，75% 的客户更喜欢 Zume

下面的例子来自在线教育，一个专注于高等教育的在线学习平台。他们的使命是建立一个"任何人、任何地方都可以通过获得世界上最好的学习体验来改变他们生活的世界"。此 OKR 明确指出，他们的首要任务之一是吸引新学生，并且所有工作都应朝着该目标努力。

O	将在线教育的覆盖范围扩大到新学生
KR1	执行 A/B 测试、学习和迭代获取新学生和吸引现有学生的方法
KR2	将移动月活跃用户增加到 15 万
KR3	创建内部工具来跟踪关键增长指标
KR4	启动功能，使教师能够创建更具吸引力的视频

下一个例子来自英特尔的"粉碎行动"，这是一项内部活动，旨在解决 20 世纪 80 年代来自摩托罗拉日益激烈的竞争，最终英特尔赢得了这场战斗。它展示了精心起草的 OKR 如何在危机时刻提供清晰的思路。

O	将 8086 确立为最高性能的 16 位微处理器系列
KR1	开发并发布 5 个显示 8086 系列性能卓越的基准测试
KR2	重新包装整个 8086 系列产品
KR3	将 8 兆赫部件投入生产
KR4	不迟于 6 月 15 日对算术协处理器进行采样

10.2 OKR 指标：使命与执行之间的桥梁

案例分享：从破产援助到脱贫攻坚

Upsolve（美国一家由哈佛大学毕业生和一名律师创建的非营利性组织）是一个大胆的新组织。这家组织为自己安排了一项看似不可能完成的任务：减少贫困。他们着手通过帮助低收入当地人免费申请破产来实现这一目标，这是实现另一个大胆目标的直接举措：解决他们法律体系内的不平等问题。

无法克服的问题，对吧？该组织首席执行官兼联合创始人罗汉·帕乌鲁里表示："OKR 是实现理想的目标的最佳系统，因为它是一种将目标设定得很远的方法，并想出很棒的方法来实现目标，然后将它们分解为团队中的个人。"在开发产品后，他们将目标定为成为最大的破产法律援助非营利组织。

该组织在 2019 年帮助了 3000 人，减轻了 1.3 亿美元的债务，并占领了所有免费非营利性破产案件的 30% 的市场。但解决破产问题只是一个开始，其视野要大得多。接下来，该组织寻求成为倡导者——制定政策以减轻破产的根本原因。

正如罗汉所说：“最有效的社会变革组织不是纯粹的直接服务，而是介于纯粹的直接服务和倡导之间。一个例子是计划生育。他们开始采取避孕措施。在倡导妇女权利方面，他们已成为美国女性生殖健康领域的领导者。”

高瞻远瞩，解决的规模和规模不断扩大，逐渐成为消除贫困斗争中具有影响力的倡导者。该组织使用 OKR 为他们的使命设定了一个指标，设定了他们的下一个增长目标：在 12 个月内减免 10 亿美元的债务。“通过制定理想的 OKR，”罗汉说，“你意识到你不能只是优化。你需要提出新的想法来推动增长。”

罗汉还表示：“我们已经达到了与其他传统法律援助非营利组织相当的规模。但 10 亿美元规模的重要性在于，它为你提供了一个平台，让你可以就你认为需要改变的不公正现象发表意见。这就是希望，这就是我们传达原因的方式。”

10.3 OKR 里的“俄罗斯套娃”

有人提出这样一个问题：“我的公司最近设定了年度目标，现在正在制定部门的 OKR。我知道 OKR 应该每季度设置一次，但是当我们非常清楚自己的水平时，这真的有必要吗？与年度目标相比，设定季度目标有什么好处？”OKR 专家的回复如下。

OKR 通常以我们喜欢称之为“嵌套节奏”的方式完成，最好用“俄罗斯套娃”的比喻来解释。

将你公司的使命目标或愿景视为最大的娃娃。打开它，你会发现一个战略周期（大约 3 ~ 10 年）。接下来是年度周期，最后一个也是最小的娃娃是正常的 OKR 周期，通常持续大约 3 个月（或一季度）。尽管每个周期（娃娃）的大小可能不同，但它们都有助于形成更大的整体。

如此频繁地设定目标有什么好处？事情处在变化之中，众所周知，新的挑战会在没有任何警告的情况下频繁出现，因此对于任何公司来说，能够迅速而灵活地适应变化是至关重要的。很有可能 1 月份设定的目标到 10 月份就不再适用了。季度 OKR（即最小的娃娃）的敏捷性和灵活性，这是年度目标无法拥有的。

季度 OKR 还鼓励团队承担创新和改变游戏规则的风险。让我们举一个例子。

想象一下，在你 8 岁的时候，你的卖柠檬水的小摊刚刚结束了它最赚钱的一年。数完罐子里的所有硬币后，你发现今年赚了 50 美元。不过，你是一个雄心勃勃的 8 岁孩子，有着远大的梦想，并决定明年要赚 100 美元。你跟妈妈（投资者）和弟弟（下属）来计算这个数字，他们对你的大胆行为不屑一顾。然而，当你告诉他们，你已经计算过了，要达到 100 美元，每周只需要比去年多卖大约 4 杯柠檬水。每周增加一些额外的销售额听起来比那个可怕的 100 美元的数字要合理得多，不是吗？突然间，每个人都加入了，你就拥有了一支积极进取的员工队伍。

撇开隐喻不谈，设置季度 OKR 可以让最崇高的理想也可以逐渐实现。如果你的团队或管理层知道他们有能力每季度（或每周 / 每月）而不是每年评估进度，他们将更愿意投入更大的事业。

这是否意味着你不应该设定年度目标？绝对不是！我们鼓励团队设定他们的年度目标并使其可见。它们应作为年度的广泛框架或指导，并应激发你的季度 OKR。回到柠檬水摊的案例中，每个人都知道每年的目标是赚 100 美元，但当前的重点是每周多卖 4 杯柠檬水。

归根结底，公司采用 OKR 的方式有很多种——都是为了找到最适合你和团队的方法。我们发现"嵌套节奏"模型对各种各样的"柠檬水摊"非常有益，希望它也适合你。

10.4 OKR 并非"一切照旧"

OKR 描述了我们想要去的地方，而不是我们目前所处的位置。

在确保你的目标不是"一切照旧"时，请参考下面这个案例。

软件公司的营销团队负责为其销售团队提供新的潜在客户。在考虑可能的目标时，营销总监记下了以下可能的目标：

- 定期与销售总监核对
- 定义获得潜在客户的最佳流程
- 每季度增加网站流量
- 让销售和业务发展就转化率达成一致

再看一遍后，我们还是不太清楚这些目标如何描述有意义的变化。换句话说，这 4 个目标描述了"一切照旧"，与他的团队在任何一天发生的事情没有什么不同。

随着精炼，达成了以下目标：

- 重构网站，专注于将用户转化为潜在客户
- 制定一个内容营销计划，使博客流量翻倍
- 与销售总监共同制定潜在客户转换计划

有了这些目标，营销总监超越了他所在组织目前正在发生的事情，

并描述了他希望看到的变化以及希望完成的事情。有了这种清晰度，他应该能够轻松找到一些可以使这些目标成为现实的关键结果，同时也让他的团队清楚接下来需要发生什么。

10.5 练习：规划你的公司层面 OKR

10.5.1 定义公司年度目标

O	
KR	

O	
KR	

O	
KR	

10.5.2 定义你的公司下季度目标

O	
KR	

O	
KR	

O	
KR	

第十一章

不同类别 OKR 之间如何平衡

除了简单之外，OKR 还具有令人难以置信的多功能性，因此也衍生出不同维度的分类。

本章除了深入讨论这些不同维度的分类，更重要的是，将讨论如何平衡各种类别的 OKR 以达到最佳效果。

掌握了这些撰写 OKR 的不同维度，你的 OKR 就可以更加全面立体，更加有效。

11.1 投入型 vs 产出型 vs 结果型

11.1.1 三类关键结果

你的关键结果通常属于投入、产出和结果的其中之一。

如果能够以这些方式中的每一种来思考关键结果，然后选择最适合你当前需求的方法。这将有助于确保你准确地描述你希望看到的变化类型——实现目标的最佳基准。

1. 投入型（输入型）

投入型 KR 是为实现目标而需要完成的特定任务和活动。开设的商店数量、重新启动公司网站、减轻制造组件的重量，这些都是输入。

示例 1：为了使我们的候选人当选，起码走访 10000 家为她拉票。

示例 2：测试 3 个营销活动以更新我们服务的订阅者。

同样，如果你的目标是成为世界顶级鞋履品牌，那么 KR 的投入可能是在年底前开设 50 家新店、推出 10 款新鞋款，或重新设计公司网站。

投入是公司及其员工可以直接控制的东西。亚马逊首席执行官杰夫·贝索斯是专注于投入型的大力支持者。贝索斯在 2009 年给股东的一封信中写道："我们相信，将精力集中在我们业务的可控投入上是随着时间的推移实现财务产出最大化的最有效方式。" 最终，他认为正确的投入组合应该转化为预期的结果。

由于员工可以直接控制投入型关键结果，所以经常看到自下而上的 OKR 包含更多的投入型 KR。

2. 产出型（输出型）

产出是投入的效果。增加销售收入、达到绩效基准或吸引一定数量的与会者参加会议，这些都是产出。例如，如果你的目标是成为世界顶级鞋履品牌，则产出型 KR 可能包括在本季度末将销售额增加 30%、将社交媒体关注者增加 50%，或将市场份额增加 40%。

示例 1：为了使我们的候选人当选，获得 20000 人承诺投票给她。

示例 2：实现超过 63% 的用户续订率。

安迪·葛洛夫将期望的产出视为 OKR 的衡量标准。你要么达成了它们，要么没有达成。"强调产出是提高生产力的关键，"葛洛夫写道。

通过提供工作的终点，产出型让员工明确知道他们的工作应该产生什么结果。由于产出型 KR 的指导性质，大多数公司级 OKR 都以产出型为主。

3. 结果型

结果是一种更高级的思考输出的方式。输出往往描述所需的最终结果本身。结果通常比输入或输出更清楚地强调"之前"和"之后"。

为便于理解，让我们从投入、产出和结果的角度分别来看两个案例目标和潜在的关键结果：

目标：让我们的候选人当选。

投入型关键结果：志愿者必须敲至少 10000 扇门。

产出型关键结果：让 20000 人承诺为我们的候选人投票。

结果型关键结果：我们的候选人比上次选举赢得了更多的选区。

目标：客户重视我们的服务。

投入型关键结果：运行 3 个旨在续订的营销活动。

产出型关键结果：实现 67% 的续订率。

结果型关键结果：续订率提高 10%。

结果通常比产出更复杂。一个好的结果比输入或输出更直接地解决问题。

再看下面 2 个案例是如何调整自己的 OKR 的。

案例 1：一家医院希望在骨科手术方面享有该地区最好的声誉，因此将结果型 KR 设置为"完成最多的膝关节手术"。但是，如果他们希望这种声誉建立在产生最佳结果的基础上，更强大的关键结果可能是"最高比例的病人手术后可以立即走路"。

案例 2：硅谷独角兽 Superhuman 公司在意识到 30 天后活跃的客户的生命周期价值呈指数级增长后，使用高级产出来提高保留率。将他们的保留率目标从产出重新制定为结果（帮助客户度过前 30 天）激发了产品开发和入职流程，这些流程推动了他们的成功。

11.1.2 为什么你应该三者兼用

没有完美的"一刀切"公式来确定你的 OKR 是否应该全部是投入、产出或结果。产出型和结果型让你知道你想去哪里，但最终它们是无法控制的。虽然投入型是可控的，但它们本身并不总是导致结果，投入需要努力方向。

我们都有"最喜欢的"类型的 KR。但是，你将这三者都写得越好，了解每种类型的 KR 如何运作和激励员工，你就能够编写更强大的 OKR。

11.2 承诺型 vs 期望型 vs 学习型

OKR 有另外两种主要类型的目标：承诺的以及期望的，还有一种不太常见的学习型。它们都有不同的目的，需要用不同的方式来阅读、解释和实施。

11.2.1 承诺型 OKR

承诺型 OKR 就是目标设定的承诺，是个人、团队或组织已经同意要实现的事情。应该调整资源和时间表，以确保完成它们。在打分时，承诺的 OKR 的预期分数是 1.0。较低的分数需要讨论，因为它代表了在计划和执行中需要调整或改进的空间。

承诺型 OKR 可以包括保证服务满足本季度的服务水平协议，或在设定日期前改进基础设施系统。但是，OKR 是一段时间内的重中之重，而不是一个全面的待办事项清单。

当满足承诺的 OKR，并且团队对关键结果已成为"一切照旧"感到满意时，它可能不再是团队的 OKR。或者，他们可能会选择将其扩展为最重要的事情。

莫兹拉基金会最近发布了这个承诺型的 OKR：

O	通过提高捐赠者的参与度，使收入增长和多样化
KR	—— 不受限制的捐款增长 ××%，基线为 ×× 万美元，目标为 ×× 万美元 —— 举办 ×× 次活动，以培养主要捐赠者和基金会的前景，基准线为 ×× 次，目标为 ×× 次 —— 增加 ×× 名高度参与的用户，其中 ×× 成为新的或重新参与的捐赠者，基线为 ××，目标为 ××

更妙的是，这个关于多样化和覆盖面的 OKR 非常符合莫兹拉基金会的使命宣言，即"我们的使命是确保互联网是一个全球公共资源，向所有人开放和提供。一个真正以人为本的互联网，在这里，个人可以塑造自己的经验，并被赋予权力、安全和独立"。

11.2.2 期望型 OKR

期望型 OKR 是我们希望的世界的样子，有时被称为 10 倍目标或"登月计划"。拉里·佩奇在《衡量至关重要者》一书中对这一观点做了最好的概括，他说："如果你设定了一个疯狂的、理想的目标，并且错过了它，你仍然会取得一些了不起的成就。"有了理想的 OKR，就没有明确的实现路径，也不知道需要什么资源。它也可能从一个季度滚动到另一个季度，从一年到另一年。有时，它甚至可能被重新分配到不同的团队。一个期望型 OKR 的预期平均得分是 0.7，但有很大的差异空间。

一个期望型 OKR 更具有流动性，但仍然专注于一个方向。

理想的目标可以是具有难以想象的业务成果的延伸目标。如上所述，无论需要多长时间，它都应该留在团队的 OKR 列表中，直到完成。

某组织的使命是"为每个人赋能当地经济的增长"，最近发布了这份理想中的 OKR：

O	减少有就业障碍的人群所面临的差异
KR	— 将帮助贫困群体的平均起始时薪提高 ×× 美元 — 为每一个项目建立一个独特的公平目标，重点是减少基于能力水平或地理的差异性

这个 OKR 完美地囊括了期望型 OKR 的核心原则。它不仅是我们希望的世界的样子，而且还可能从一个季度到另一个季度，或从一年到另一年持续滚动。

11.2.3 学习型 OKR

学习型 OKR 是证明假设的探索或实验。

学习型 OKR 的期望是在 90 天结束时，报告发现或证明或反驳该假设。它们最适合投入和产出可能尚不清楚的早期想法，但该想法仍然被认为是追求的首要任务。编写成功的学习型 OKR 的关键是确定哪些内容可以为你提供如何前进以及制定下一组 OKR 的信息。例如多邻国教育软件的 OKR 为：

O	让故事成为最好的产品
KR1	与 × 个用户交谈
KR2	了解他们的最大痛点
KR3	制作分析用户痛点的文档

11.2.4 如何三者兼顾

比尔和梅琳达·盖茨基金会的前首席执行官帕蒂·斯通西弗在《衡量至关重要者》一书中对承诺型和期望型的 OKR 有这样的看法。她写道："除非你设定一个真正的大目标，比如在世界各地为每个孩子接种疫苗，不然你无法找出哪个抓手或抓手组合是最重要的。我们的年度战略审查始于：'这里的目标是什么？是根除还是扩大疫苗的覆盖面？'然后我们就可以更实际地处理我们的关键结果……你需要这些关键结果来调整你的日常活动，并且随着时间的推移，你不断地改动它们，以便更好地实现那个真正的大目标。"

那么，在创建理想的 OKR 时，有哪些事情需要注意？首先，也是最重要的，要确保你的 OKR 在撰写时被明确定义为承诺的、期望的或者学习型的。就像普通的 OKR 一样，透明度是关键。将一个承诺的 OKR 标记为期望的，会增加其失败的机会。将一个无法达成的 OKR 标记为承诺，会传播防御性，并可能扰乱团队和个人的工作流程。正如衡量至关重要者网站的联合创始人瑞安·潘查德萨拉姆所分享的，"你可以写任何你想要的目标和任何关键结果。关键是不要做沙袋，不要不切实际。如果它确实无法实现，你会让自己陷入失败的境地。所以还是要让它成为一种挑战。"

例如，如果一个表现不佳的足球队设定了一个赢得世界杯的目标，这是不现实的，那么仍然可以设定一个积极的、有伸缩性的目标，比如赢得一个地区冠军。

11.3 数量型与质量型的 OKR

数量和质量的关键结果配对可以加强 OKR。在《衡量至关重要者》一书中，约翰·杜尔通过福特平托案警告了单一维度 OKR 的危害。

福特于 1971 年推出了预算友好车型平托，以应对来自日本和德国汽车制造商不断升级的竞争。他们对该项目的指导性指标是使新车型的价格低于 2000 英镑或 2000 美元。他们在设计和营销中都强调了它的小巧、价格低和外观新潮。

但缺少很重要的一项，那就是安全。

在一次碰撞测试中，工程师发现一块价值 1 美元的塑料可以防止刺穿油箱，但由于额外的成本和重量，它最终被否定。在数百人死亡和数千人受伤之后，福特于 1978 年不得不召回了 150 万辆平托和其他相关产品。

杜尔写道："OKR 越远大，忽视重要标准的风险就越大。"就福特平托而言，制造商应该将其远大且数量众多的指标与考虑安全性、公司声誉和道德行为的指标结合起来。

数量型与质量型配对 OKR 示例

O	销售额比上一季度增长 50%
KR	— 产生 1000 万美元的销售额 — 至少 10% 的销售额必须来自回头客 — 达到 95% 的客户满意度 — 每月为销售团队提供培训

O	到第三季度启动移动应用程序更新
KR	— 设计和构建 3 个新功能 — 在质量保证测试中，每个功能的错误少于 2 个 — 应用商店的评级平均 4 星 — 在应用商店排行榜的健康和健身类别中获得前 100 名的位置

O	完善优化公司网站
KR	— 重新设计网站的视觉效果和布局 — 加载速度提高 20% — 每月访问量达到 100 万 — 将平均访问时间增加 20%

11.4 领先型与滞后型 OKR

11.4.1 领先指标，而不是滞后

还记得前面的投票示例吗？当我们将投票数视为关键结果时，我们意识到政治竞选运动的投票数实际上是滞后指标。当我们知道投票数时，改变路线为时已晚，这可能有助于我们消除它作为选举候选人目标的关键结果。

在考虑关键结果时，寻找可以衡量的领先指标。如果你选择领先指标，你将在出现问题时收到预警信号。这使你和团队能够在整个过程中保持敏捷和做出改变，而不是仅在 90 天周期结束时进行改变。

11.4.2 案例分享：Superhuman 寻找领先型指标

2016 年，Superhuman 还是一家由 14 人组成的初创公司，正在努力推出其第一款产品，这是一款面向电子邮件高级用户的应用程序，可为电子邮箱叠加一个更快、更高效的界面。创始人兼首席执行官拉胡尔·沃拉正在寻求难以捉摸的"产品 / 市场契合度"，然而，业务发展得并不顺利，"产品 / 市场契合度"也没有发生。

为了解决这种问题，沃拉求助于 OKR 系统。事实证明，"产品 / 市场契合度"是一个滞后指标。Superhuman 需要的是一个领先指标。

该灵感来自肖恩·埃利斯，他所做的是转向用户，简单地问他们："如果你不能再使用这个产品，你会有什么感觉？"关键是衡量和跟踪他们中有多少人回答"非常失望"。埃利斯调查了近 100 家初创公司，发现了一个神奇的门槛：40%。未能实现产品 / 市场匹配的公司排名低于该数字，而那些成功的公司排名更高。

Superhuman 针对用户发布了这个调查，更深入地研究了数据。通过对回复进行细分并提出更有针对性的解决方案。通过引入 Superhuman 移动应用程序并围绕速度优化产品，黄金 OKR 得到跃升。简而言之，"产品 / 市场契合度"结果正在实现，从而以更高的估值再次获得 3300 万美元的风险投资。

11.5 保持、增量和飞跃

你是否知道你可以通过关键结果以指导团队的精力和策略？每个关键结果代表三种进展中的一种：保持、增加或飞跃。

保持　保持告诉你的团队你希望他们保持。也许你正处于危机之中，当务之急是简单地维持你的运营。然后，你可能会说出要保持的关键结果。这会告诉团队保持目前相同或相似的策略。

增量　增量告诉你的团队你希望他们从今天的位置改变一定的数量。也许你想招聘比上个季度多 30% 的网络开发人员，并且你将关键结果表述为渐进式变革。这会告诉你的团队，他们需要调整他们正在做的事情以增加结果。

飞跃　飞跃告诉你的团队，你希望他们跳到一个全新的状态，而不是你现在所处的状态。也许你正试图将碳排放量减少 100%。当然，这是一个飞跃，但它告诉你的团队需要实施新的创新策略才能取得成功。

思考：你的关键结果测量要求保持、增加还是跳跃？这些保持、增加或跳跃是否准确地描述了你希望你的团队采用的战术类型？

11.6 OKR 应该持续多久

我们已经看到一些目标持续了多年，关键结果会根据团队的雄心进行调整。例如谷歌浏览器团队的目标是打造下一代网络浏览器，他们将 2008 年的关键成果设定为每日活跃用户达到 2000 万。他们年复一年地保持目标，在 2009 年将 KR 提高到了 5000 万，在 2010 年提高到了 1 亿。

当你按季度运行 OKR 周期时，你每 3 个月就有一次机会调整、改进或停止追求目标及其关键结果。在某些情况下，你会很快（例如几周）意识到目标或关键结果是错误的，需要更改。

第十二章

如何设计个人层面的 OKR

至此，你已经完成了很大一部分工作。你已经设定了公司的使命和愿景。你还为公司定义了年度和季度 OKR。现在剩下的就是看你的团队将如何帮助你的公司实现其目标。让我们看看个人层面的 OKR 该如何设计？

12.1 个人层面的 OKR 的设计要求和流程

个人层面 OKR 的设计过程与技术要求，与公司层面的方法是一样的。具体可以参考第十章的方法进行设计。

但与公司层面 OKR 不同的是，团队和个人的目标设置是个双向参与的过程：公司当然会将整体目标分解给团队和个人，员工也会有自己的倾向和优先级别。双方需要讨论磨合，才能最终确定彼此都欣然接受的 OKR。

12.2 个人层面的 OKR 从哪里来

从本环节起，OKR 的设置需要每个员工的参与：他需要起草自己岗位的 OKR。对于有些初出校门、完全没有 OKR 经验的年轻员工来说，甚至对于很多初任管理岗位的主管来说，困扰他们的第一个问题就是，这个非常抽象的 OKR 从何而来？

如果大家还记得上一章的内容，设计的第一步要进行头脑风暴的话，列出自己岗位的"北极星"和优先事项。以下有数个常见的来源可供参考。

12.2.1 部门或者团队的 OKR

参照 12.1 的思路和方法，可以将部门或者团队的目标分解为岗位或者个人的目标。事实上，这是用得最多的一个方法。采用这种分解方法可以保证公司、团队、个人三个层面的责、权、绩、利高度一致。具体分解方法可以参考第十三章，在头脑风暴阶段，可以先简单地从上级组织的 OKR 中，挑选与自己岗位直接相关的，作为备选项之一。

12.2.2 岗位的核心职责

很多岗位的职责本身就含有非常直接、清晰的目的，但是 OKR 并非直接照抄岗位职责，而是提出更具挑战性的目标，OKR 的目标从来不应该让员工觉得"舒服"，而应该激励他们去创造奇迹！设计时可从"超越""增量""发现"等角度发掘一下，或者从"多快好省"的角度分析提取一下，例如：

● 产品设计岗位：加快年度新品开发（多）；产品设计按时完成（快）；通过评审委员会审核（好）；控制产品设计平均成本（省）。

● 市场营销：开发新客户比例（多）；改善新业务用户体验（好）；促销活动按时完成（快）；营销费用预算达成（省）等。

12.2.3 年度 / 季度重点工作

企业总是有很多阶段性的重点工作项目或者战略规划。从中也可以提取出很多目标，例如：

● 库存管理：减少不动款库存；减少辅料库存；减少配饰库存等。

有的时候，此类工作项目并非直接下达到某个岗位，而是整个公司或者团队共担的。那么具体岗位负责领域各自不同，但是都可以提取各自的目标。例如：

● 成本控制：生产岗位降低生产成本，采购岗位降低采购成本，职能部门和管理层降低管理成本，售后服务岗位降低维修成本等。

还有一种工作项目虽然也是整个公司或者团队共担的，但是具体岗位的发力点不同，需要根据各自的侧重点提取相应的目标。例如：

● 整个公司本年度的工作任务是提高客户满意程度，那么具体到每个岗位，售前岗位需要加强售前信息沟通，生产岗位需要提高生产质量，交付岗位需要提高及时交付能力，售后团队需要加强售后服务质量等。

12.2.4 员工个人发展规划

OKR 是一种能够激发员工灵感与激情的体系，它不仅包括了"公司要我做什么"，也包括了"员工自己想做什么"，尤其是与个人职业发展和素质提升相关的内容。例如：

O	**提高你的沟通和指导技能** 开发世界一流的产品并不是一个单打独斗的计划。成功的工程师知道与同行、产品团队和其他业务部门合作的重要性

★ 小贴士

目标本身是一个直接的短句，例如上面目标中的"提高你的沟通和指导技能"。但是为了让员工和其他同事更好地理解为什么将此设为目标，有时会增加一行说明，如上文中的"开发世界一流的产品并不是一个单打独斗的计划。成功的工程师知道与同行，产品团队和其他业务部门合作的重要性"。这并非必需，只是一个备选项，可以视需要来添加。

12.3 初步设计个人层面的 OKR

从以上各个角度发掘了优先事项后，按照第十章介绍的方法进行删减，只留下 3 个目标，并为这 3 个目标配上相应的关键结果。

12.4 参照模板库设计个人层面的 OKR

12.4.1 模板库使用说明

如果按照上个章节的指点来自行起草依然有困难，另一个选项是参照市场上常见岗位的 OKR 模板，以期启发灵感，完成终稿。为此，我们搜集了市场上常见的十几个常见部门中，几十个常见的岗位所适用的 OKR 以供参考，具体各个岗位的 OKR 模板请见附录二。

★ 小贴士

本模板库呈现的是多样化信息来源，而非设计解构后的单一公司的 OKR 结果。以此做参考时不建议全盘照抄。我们更建议以此启发灵感，而自行完成整个公司的 OKR 体系设计工作。出于行业习惯，文中大量指标和术语以英文缩写呈现。整理时尽量兼顾了行业习惯和理解习惯，基本保留了英文缩写，但括号里用中文加以解释。

请在附录二中勾选适合你部门典型岗位的目标，建议每个岗位不超过 3 个；每一个目标下，请勾选适合的关键结果，建议每个目标 3 ~ 5 个。如果以下模板不适合你的情况，并根据自由发挥补上你公司特有的目标和关键结果。

12.4.2 财务部 OKR 模板

首席财务官（CFO）

O	**增加对财务预测的信心** 根据 CFO 链接社区成员的说法，更好的预测是 CFO 的首要目标。让我们集中精力提高对预测的信心
KR	—— 设定合理的预测节奏（即每月、每季度、每年），并在接下来的 12 个月中坚持使用 —— 完成准确的预测，根据结果超出预测的 ××% 以内进行衡量 —— 确定整个组织的 × 个关键增长抓手并与公司共享

O	**瞄准实时数据** 诸如每月结账之类的过程意味着财务团队可能会在这两个结点之间处于盲目状态。我们是否可以立即获取所需的数据，而无须等待更新
KR	—— 更新我们 ××% 以上的支出方式，以便在本季度为我们提供即时数据，并在年底之前为我们提供 ××% 的数据 —— 在本季度末实施仪表板软件 —— 今年实施收入确认工具，以确保我们拥有最新的指标，即月度经常性收入、年度经常性收入等

O	**减少摩擦** 摩擦源于不断骚扰其他团队的需要，以及我们财务团队的大部分时间都浪费在数据输入和其他手动流程上。让我们找到使流程自动化并减少总体摩擦的方法
KR	— 确定目前导致发生摩擦的 × 个关键领域（即费用、采购、收据等） — 确定 × 个可以自动化的流程并将其自动化 — 到今年年底，将 ××%的纸质流程转换为数字流程

O	**改善现金管理** 无论我们公司的财务状况如何，扎实地掌握现金管理都非常重要。这个季度或今年，让我们集中精力改善现金管理
KR	— 围绕现金流制定危机管理计划 — 确定并列出我们 ××%的主要供应商，并与他们保持联系（即租金、服务器、库存等） — 确定 × 个短期优势（即锁定好交易，重新协商坏交易）

O	**制定战略计划和预算以实现目标** 让我们通过制定一项计划，确保每支团队达到和超过目标的计划来确保明年成功
KR	— 在 × 月 × 日之前收集 × 级别高管，创始人和董事会的意见 — 在 × 月 × 日之前与销售部讨论预订和收入目标并确认每月销售目标 — 在 × 月 × 日之前与营销部讨论并确认潜在线索目标 — 在 × 月 × 日之前与人力部讨论并确认招聘目标 — 在 × 月 × 日之前获得董事会对计划和预算的批准

O	**建立并领导世界一流的财务团队** 建立一支协作有效的财务团队，并为团队中的每个人提供持续的指导机会
KR	— 招聘经验丰富的领导者担任 × 个职能职位 — 雇用 × 位表现出色的个人贡献者 — 确保在所有 1：1 和团队会议中的会议评分均达到 ××%或更高 — 为团队中的每个成员设置至少 × 个专业发展目标

O	**向团队提供快速、真实的报表** 当世界变化时，世界上最好的计划也会被击败。让我们确保我们的团队在财务结果发生时保持与时俱进，以便团队可以根据需要进行调整
KR	— 将每月结账的时间减少 ××% — 将 ××%的费用报销移至数字提交 — ××%每月更新在每月的 7 日按时发送

O	**提高你的管理技能** 优秀的管理人员可以保持团队敬业度、高绩效并留住人才。即使你已经是一位出色的经理，也总有改进的余地。让我们齐心协力，继续倾听，学习和发展我们的管理技能，并建立一种分享和对反馈采取行动的文化
KR	— 每月向每个直接下属至少提供 × 条可行的反馈意见 — 每月从每个直接下属处至少获得 × 条可行的反馈意见 — 每月同每个直接下属至少要进行一次职业对话 — 本季度与一位管理教练或导师会面 — 在季度末根据员工的反馈采取行动并与团队一起检查你的进度

12.5 练习：起草所有岗位的 OKR

请阅读本书附录二里相应岗位的 OKR 模板，根据上面章节介绍的方法，撰写本公司各个岗位的 OKR。

O1	
KR	1. 2. 3.

O2	
KR	1. 2. 3.

O3	
KR	1. 2. 3.

第十三章

OKR 如何协调对齐

13.1 组织中的目标一致性

你已经起草了将在下个季度甚至明年指导你的公司的顶级 OKR，各个岗位也都起草了自己的 OKR。但是 OKR 并不意味着自成一体地编写或使用。OKR 目标设定系统不仅仅是目标跟踪，它还使组织从公司层面努力到个人层面的目标保持一致。如果不保持一致，不同的部门和员工可能会因为牵涉太多不同的方向而削弱他们努力的效果。

自上而下的分解目标将有助于整个公司的各个团队和个人员工朝着相同的总体目标努力，使公司通过共同前进来最大限度地提高绩效。事实上，分解过程也可以同各个岗位的 OKR 起草过程合一。

具体如何分解目标并保持对齐呢？我们来看看协调对齐方式。我们通过两种不同类型的对齐方式来看待 OKR，即明确的（或称为显式的）和定向性的。

13.1.1 显式对齐

显式对齐是指给你一个关键结果作为目标。我们也称这种"继承"为目标。

当谈到显式对齐时，你可以将一个可衡量的基准作为目标，然后制作一组关键结果来支持它。

显式的一致性往往是一种更"刚性"的一致性，当组织想要集中注意力或正在应对危机时，它会很有效。

对于通过网络提供软件服务的 SaaS 团队而言，最高级（公司级）OKR 是：

O	通过每月获得 5000 个软件订阅来达到有意义的规模
KR1	通过技术和非技术 SEO（搜索引擎优化）达到每月 10 万网站访问者
KR2	根据所有站点流量，改进漏斗以实现每月 5000 次订阅
KR3	扩展产品和流程以支持每月 5000 次订阅
KR4	净推荐值高于 90

以上面的例子为例，该公司的营销团队根据 KR 4 制定了一组 OKR：

O	扩展流程、产品和内容以支持每月 5000 次订阅
KR1	建议帮助文章来减少 50%的速度问题
KR2	提供足够的激进反馈以改进产品
KR3	生产只需要再雇佣一名内容制作人的产品
KR4	扩展客户支持流程，使现有容量翻倍

13.1.2 定向对齐

定向对齐是指你使用组织中其他地方的 OKR 作为制定你自己的个人或团队 OKR 的指南。

定向对齐往往是更柔性、更"流动"地对齐，当组织希望授权其团队利用他们的创造力和专业知识来实现组织 OKR 时，它会很有效。

同样是上面那家公司的例子，业务发展团队可能提出以下定向性对齐的 OKR：

O	查找 1～3 个额外的获取渠道
KR1	使用短视频进行实验，持续的赢媒体推广、广告牌等
KR2	与 10 家服务提供商建立合作伙伴关系，这些服务提供商将潜在客户推荐给我们的产品

13.2 自上而下分解的 OKR

虽然本章节侧重于自上而下的 OKR，但要注意，健康的组织应该致力于在自上而下和自下而上的目标之间取得平衡。

通常，当组织处于危机中或优先考虑非常具体的目标时，强调自上而下的 OKR 很有用。另一方面，当组织想要鼓励创新时，应该使用自下而上的 OKR。

自上而下的 OKR 为组织提供精确和清晰的信息，以实现其最大胆的目标。

13.2.1 案例分享：英特尔用 OKR 击败生存威胁

在《衡量至关重要者》一书中，英特尔前微计算机系统部门副总裁比尔·戴维多讲述了英特尔如何在他们称为"粉碎行动"的活动中使用自上而下的方法来击败生存威胁。1970 年，英特尔面临来自摩托罗拉的激烈竞争，摩托罗拉正在制造更快、更易于使用的微处理器。第一个注意到威胁的人是区域销售经理唐·巴克特。他将此事提交给管理层，他们听取了意见并迅速采取了行动。他们制定了一个详细的计划，并将他们的 OKR 分解到整个公司。

英特尔仅用了 4 周时间就完全重新启动了公司的优先事项。英特尔从工程团队到营销部门的每个人都知道他们必须做什么以及为什么要这样做。很快，到 1980 年底，英特尔就重新夺回了市场领导者的地位。

13.2.2 自上而下分解的流程

OKR 分解流程的工作原理如下：高级 OKR 向下流向部门负责人、经理和个别员工，他们从组织中的上级接受负责特定的关键结果，然后决定实现这些目标的最佳方式。尽管分解 OKR 是由上层驱动的，但从下层进行一些输入也是至关重要的。那些更接近"战壕"的人会更好地了解如何使高管的目标成为现实。

在实践中，这看起来像是一个季度会议，由公司高管制定的顶级 OKR 被介绍给整个公司。从那里，部门经理根据公司的顶级目标编写自己的 OKR。他们将高管团队决定的关键结果作为他们的目标。然后每个部门的成员根据主管的目标编写 OKR。为了从下层获得输入，公司应允许所有员工编写自己的关键结果。

13.2.3 自上而下的 OKR 分解示例

假设一家电动汽车经销商的所有者和总经理制定了以下全公司 OKR：

O	成为该地区领先的电动汽车经销商
KR1	占该地区全电动汽车销量的 60%
KR2	客户对服务和维护操作的满意度达到 90%
KR3	将品牌知名度提高 50%
KR4	研究和实施客户关系管理软件
KR5	年底前开设第二家分店

这些关键结果会向下传递到销售、服务和营销经理和主管作为目标。经销商的销售经理负责与销售相关的关键结果，营销经理负责提高品牌知名度，然后制作新的相应关键结果和额外的 OKR。

销售经理将关键结果转换为自己的 OKR：

O	占该地区全电动汽车销量的 60%
KR1	雇用 2 名新的销售人员
KR2	汽车销量比去年增加 55%
KR3	销售收入比去年增加 40%
KR4	实行月度促销
KR5	为所有销售人员实施季度培训课程

相应地，销售助理将经理的一项关键成果转化为他们个人的 OKR：

O	汽车销量比去年增加 55%
KR1	每月与至少 50 个潜在客户交谈
KR2	每月成功完成至少 12 单销售

13.3 自下而上分解的 OKR

自上而下分解目标确实可以对齐团队，但过度对齐会扼杀创造力和个人动力。组织需要在集体承诺和创作自由之间找到平衡。这就是自下而上的 OKR 的用武之地。

由于 OKR 在整个组织中是透明的，因此它们不必都严格按照组织结构图逐层向下传递。OKR 可以跳过一些层级以提高效率，从首席执行官直接到经理或个人贡献者。

13.3.1 案例分享：谷歌"20% 时间"规则

在像谷歌这样的组织中，管理层和雇主之间建立了足够的信任，公司高层可以一次性提交公司高层 OKR，组织的其他成员可以自由设置自己的 OKR。使用这种方法，个人不必花时间等待高层，而可以首先设置他们的 OKR。

谷歌前首席人才官拉斯洛·博克在他写的《重新定义团队——谷歌如何工作》一书中解释了这是如何运作的："我们有一种基于市场的方法，随着时间的推移，我们的目标都会趋于一致，因为顶级 OKR 是已知的，而其他所有人的 OKR 都是可见的。严重失调的团队会脱颖而出。"

OKR 的透明性可以防止员工将自己与组织隔离开来，同时为他们提供了如何更好地完成工作的灵活性。

谷歌的"20% 时间"规则允许工程师在相当于每周一个工作日的时间里从事业余项目，以了解自下而上的 OKR，从而带来创新。Gmail（谷歌的免费邮件服务）等改变游戏规则的服务就是起源于"20% 时间"的项目。

当年谷歌的一位员工保罗·布赫海特，为当时老旧的邮件系统而抓狂，自发提出要做一个具备搜索与折叠等功能的邮件系统，这就是后来的 Gmail。如今，Gmail 已经是谷歌一条专门的业务线，有自己的战略目标。在这个例子中，个人层面的 OKR 最终上升为组织层面的 OKR。

13.3.2 自下而上 OKR 的效果

健康的组织有一半的目标是自下而上的。在实践中，这意味着每个贡献者都可以自由设定他们的一些目标，最重要的是他们的所有关键结果。这会增加各个层面的参与度和动力，从而提高绩效和公司的底线。

自下而上的 OKR 的另一个副产品是创新，它始于基层。那些与实际构建产品并直接向客户提供服务的人员往往更了解行业的变化和发展趋势。

13.3.3 自下而上的 OKR 示例

让我们从之前的分解 OKR 示例中重新审视汽车经销商，其最高目标是成为该地区领先的电动汽车经销商。经销商的服务技术人员听说其他经销商开始提供移动服务，因此，技术人员提出了以下 OKR：

O	运行为期一个月的移动服务试点
KR1	为 50 家客户提供移动服务
KR2	调研试点中的所有客户
KR3	演示扩大移动服务业务的计划

一家媒体初创公司，其最高目标是像顶级媒体公司一样运营。这家媒体初创公司的社交媒体编辑发现，新的平台产生的网络流量是其他营销活动的两倍。因此，编辑设置了以下 OKR：

O	在新的社交媒体平台上发起活动
KR1	每天安排 2 篇帖子
KR2	测试帖子以了解受众范围和参与度
KR3	到月底获得 1000 名新粉丝

13.4 各种方式的组合

我们以一个橄榄球队的例子来说明公司和团队之间的对齐，包括自下而上与自上而下，也包括了显式对齐与定向性对齐：

球队总经理

O	为股东创造价值
KR	— 赢得 × × 奖（最重要的职业橄榄球大联盟的年度冠军赛） — 看台满座率达到 88%

该目标主要由总教练和公关负责人两个高管来分担：

总教练

O	赢得 × × 奖
KR	— 200 码（1 码约为 0.9 米）传球攻击 — 防守数据第三 — 平均回传 × × 码

公关负责人

O	看台满座率达到 × × %
KR	— 聘用 × 位球员 — 媒体覆盖率达到 × × % — 为关键球员做 × 次专访

除此以外，团队的物理治疗师（相当于队医）在运动医学会议上了解到一种新疗法，并将新疗法的实施作为他的 OKR 之一。虽然这个目标并不直接与团队的顶级 OKR 保持一致，但它确实大大提高了整体目标达成的可能性。

13.5 练习：协调对齐

在自己的公司中，尝试通过显式对齐和定向性对齐手段，拉齐自上而下和自下而上产生的 OKR，使得所有层级、所有人的努力方向都一致。

第十四章

OKR 设计中常见错误的自查与纠正

现在每人都起草了自己的 OKR。在呈现给团队之前，请对照下文摸底自查一下，看看有没有犯一些习惯性的技术错误。

14.1 目标太多

不论是公司还是个人，设置太多目标就是一个典型的错误。我们会看到管理者们面临数个目标难以取舍，总要设法把它们全部放进 OKR 才放心。

到底错在哪里？

接受 OKR 的公司就是为了提高员工的关注度和责任感。然而设定太多目标，在这两点上都将受到阻碍。根据我们的经验，当目标太多时，人们往往无法实现目标，并且会灰心，整个公司都认为 OKR 不是正确的方法。

如何解决这个问题？

显而易见的答案是不要有太多目标，将它们保持在 3 个或更少。但是实际上，你可能会遇到同事和员工的反对。我们发现一种处理此问题的好方法：告诉所有人，他们可以按照自己的意愿做很多事情，但是你只希望将最重要的 2 ~ 3 个目标定义为 OKR。这是一个很好的折中方案，可以使球滚动起来，而现实将很快得到解决，并照顾好其他事项。

14.2 目标量化

目标应该是鼓舞人心的。

但现实中，目标制定上会经常发生一些错误。

具体来看，有以下几个原因导致了这个问题：

第一个问题出于技术原因，你将很难为已经定量的目标来定义关键结果，并且最终可能会陷入困境。

第二个问题更为深刻，将你的销售额提高 20% 几乎不会给任何人鼓舞，而"使追加销售成为增长最快的收入来源"听起来更令人兴奋。

第三个问题是你只设置了一个数字。下面是一个如何解决此问题的示例：

O1	将销售额提高 20%（如何增加？有哪些限制条件？）
O2	追加销售收入增长最快的来源
KR1	完成 30 笔追加销售交易
KR2	增加 20 万美元的销售收入
KR3	确定 200 个追加销售机会

因此，不要使目标量化。

14.3 关键结果没有量化

请记住，目标是你想要实现的目标（例如"成为市场领导者"），而关键结果是定义成功的定量指标。如果你的主要结果是定性的，则一切都由拥有 OKR 的人进行主观解释。

这是一个错误，因为没有公正的方式来衡量自己是否实现了目标。

要解决此类问题，请确保所有关键结果本质上都是定量的，并且具有众所周知的计算方法。

14.4 将日常工作设为 OKR

OKR 与改变现状有关，目标是激励人心的。

将日常工作设为 OKR 的问题出在哪里？

一个典型的例子是公司的薪酬支付专员，他每个月需要做工资单。但是，这不是目标，而是需要发生的事情。

继续以薪酬支付专员为例，一个很好的目标是缩短工资核算的时间，或者提高支付的准确率。这才是一个值得努力实现的目标。

14.5 将待办事项清单作为 OKR

刚开始时，团队倾向于制定以待办事项为主要结果的目标。

不幸的是，努力并非总能获得成果。有时，我们可能会非常努力地工作，直到最后才发现我们的努力方向错了，而我们并未实现待办事项目标。

待办事项确实在 OKR 中占有一席之地，但并不在目标或关键结果中。

如何解决这个问题？

让我们从定义术语开始：

O	我们要实现什么？
KR	我们如何知道自己已经实现了，即成功的定义
任务	我们要做什么才能实现目标

现在，有了这个定义，我们可以看到 OKR 不应成为任务。让我们研究以下示例：

- 发布该软件的新版本。

这是一个不好的目标，因为没有人为了发布而发布软件。也许我们正在发布新版本是为了使软件更稳定或更吸引人。"使软件更稳定"和"使软件更引人入胜"都是好的目标，因为它们具有定向性并很好地传达了我们的意图。

- 发行新版本的软件。

这是一个糟糕的关键结果，因为我们发布了该软件的新版本这一事实丝毫不表示我们的软件变得更加有吸引力或更加稳定。更好的关键结果是"将错误报告减少 20%"或"将平均登录次数增加 10%"，因为这将是衡量我们实现目标的良好方法。

现在，发布软件的新版本是一项很好的任务，可以支持我们的目标，并且有望对我们的主要成果产生影响。

14.6 不区分承诺的和期望的 OKR

将承诺的 OKR 标记为期望的，会增加失败的机会。团队可能不会认真对待它，也可能不会改变他们的其他优先事项来专注于交付 OKR。

而将一个期望的 OKR 标记为承诺，会使那些找不到方法来实现 OKR 的团队产生抵触情绪，并且会导致优先权的倒置，因为承诺的 OKR 会被取消，以专注于期望的 OKR。

14.7 不切实际的期望型 OKR

期望型的 OKR 往往是从当前状态出发，并有效地提问："如果我们有额外的员工，并有一点运气，我们能做什么？"另一种更好的方法是，问一问自己："如果我们摆脱了大部分限制，几年后我（或我的客户）的世界会是什么样子？"顾名思义，当 OKR 首次制定时，你不会知道如何实现这种状态——毕竟它是一个理想的 OKR。但是，如果不了解并阐明所期望的最终状态，你就无法实现它。

测试：问一问你的客户真正想要什么，你的理想目标是否满足或超过了他们的要求？

14.8 无所谓的 OKR

OKR 必须承诺明确的商业价值。否则，就没有理由花费资源来做这些事情。低价值目标是那些即使写得很完美，却没有人会关心的目标。

一个经典的（也是诱人的）低价值目标例子是"将中央处理器利用率提高 3%"。这个目标本身并不能直接帮助用户或公司。然而，"在不改变质量或延迟等的情况下，将应对高峰期查询所需的核总数减少3%，多余的核返回到空闲池中"这一目标具有明显的经济价值，这是一个卓越的目标。

测试：在合理的情况下，OKR 能否在不提供直接的终端用户或经济利益的情况下评 1.0 分？如果是这样，那就重新编写 OKR，把重点放在有形的利益上。

第十五章

如何选择 OKR 管理工具

15.1 选定 OKR 记录工具

国外有些专门做 OKR 的系统公司，提供免费使用的界面（详见 15.2 章节），大中型公司往往选定一款电子系统来上传和记录公司、团队、每位员工的 OKR；小型或者初创型公司可以因地制宜地选用现有的办公软件或应用（详见 15.3 章节）。也有一些互联网或者软件公司开发了自己的内部系统，或者在某一个内部管理系统里增加了 OKR 界面。

OKR 管理工具的基本功能要求极其简单：

有几行空白栏供输入文本，以撰写目标和关键结果；每行文本后面跟随一个小单元格，供打分；根据各家设计的计分规则，可以加一个单元格自动计算平均得分，包括每个目标的平均得分，以及该员工各个目标的整体平均得分；根据各家的组织构成，确保每个员工的输入能够在全公司分享（在不影响商业机密准入权限的前提下）。

这种工具没有必要追求高科技，毕竟让员工轻松使用是最重要的。各家公司可以根据自己的情况因地制宜地选用一款系统使用。

★ 小贴士

在工具的设计和选用上，设计团队经常会情不自禁地多加功能，使其更加复杂，更加"完善"。但是实践告诉我们，真正好的工具，往往是极简的，让员工感到轻松，而不是负担。

换个角度想这个问题：假设每个员工每个季度需要 ×× 分钟来更新 OKR，员工的平均人工成本是 ×× 美元，员工人数为 ×× 人，三者相乘即可获得估计出每个季度花在 OKR 上的管理成本，你会惊讶这不是一个小数字。而这样的成本，每个年度要发生 4 次。看着这个数字就迫使设计者要尽可能地简化 OKR 工具和表格的设计。

如果能使用某种移动装置来管理 OKR，也会大大减轻员工负担，便于 OKR 的实施。如果员工在候机厅、班车站或者其他排队等候的时候，都能利用碎片时间更新 OKR，那么每个季度的更新岂不是容易很多吗？

15.2 有哪些免费的 OKR 管理工具可以选择

无论你是第一次使用 OKR，还是长期使用 OKR，找到一个免费的方法来透明地跟踪 OKR，这很重要。因此，我们列出了一些我们最喜欢的免费 OKR 工具，帮助组织、团队和个人进行目标设定和跟踪。

所有这些都是使任何组织中任何人都可以透明地监测目标的简单方法。当时安迪·葛洛夫让年轻的约翰·杜尔和英特尔的其他成员将他们的个人 OKR 张贴在隔间外，以便每个人都能看到，这已经是 OKR 的基础了。

15.2.1 谷歌文档或谷歌表格

谷歌作为一家建立在 OKR 基础上的公司，它提供强大的免费工具来跟踪这些 OKR。利用谷歌文档或谷歌表格是一种简单、容易使用的方式。衡量至关重要者网站已经为这两者做了一个模板。

使用时，选择"文件"，从下拉菜单中选择"复制"，开始填写你自己的目标。

你必须登录到 Gmail 才能使用谷歌文档模板和谷歌表格模板。

由于这两个工具都是空白的画布，你可以调整和定制模板，以适合你的公司并实现你的目标。使用谷歌文档和谷歌表格对较小的团队很有用。如果你的目标是在一个更大的组织中推广 OKR，有一些付费的 OKR 软件工具可以帮助你。

15.2.2 "衡量至关重要者" OKR 入门套件

考达（德国扬声器生产商）希望将数字文档的体验提升到新的水平，"将文档的灵活性与电子表格的结构和深度相结合"。考达的文档可以像应用程序一样强大，因此它可以补充任何团队或任何公司自己的工作方式。

为了对此有所帮助，考达与约翰·杜尔合作，让你的团队开始使用 OKR 吧！

15.2.3 Koan

Koan 是一个安装在客户端的软件，以前是一个付费的 OKR 软件，现在出了一个不受限制的免费版本。

与 Koan 的付费版本一样，免费版本也很容易设置和整合到一个组织中。在同意隐私和服务条款后，OKR 用户被引导到一个直观的标签式控制面板，并被提示"创建一个目标以开始"。

Koan 不仅是一个 OKR 工具，也是一个 OKR "完善者"。在有指导的目标设定过程中，Koan 提供了关于编写"极好的" OKR 的资源，并提供了一些例子来激发人们的灵感。Koan 关注的是进展，而不是状态更新和每周反思，这有助于将绩效置于背景之中。

15.2.4 笔或打印机和纸

谁说分享 OKR 一定需要软件和互联网？在互联网之前，人们使用的是笔、打印机和纸，而且现在也还在使用。谷歌前产品经理、现医疗保健公司 Nuna 的首席执行官吉妮·金最近分享说："我们每个月都把 OKR 放在我们的幻灯片上。我们把它们打印出来，就贴在墙上，要说明你现在知道你的奋斗目标是什么，以及你是否达到了目标。"

无论你是为自己还是小公司设定 OKR，都可以效仿吉妮·金的做法。

15.3 有哪些付费的 OKR 管理工具可以选择

OKR 激励了许多公司去实现大胆的目标。一些公司甚至把创造软件来帮助其他人完成 OKR 作为自己的使命。不管是什么规模的公司，如果你正在寻找付费的方法来扩大 OKR 的采用和使用范围，请接着看下去。请记住，这些产品可以帮助一个组织致力于制定 OKR，但不能依赖它们。

看看是否有适合你的组织的产品。请注意，如果预算还没有完全达到使用付费 OKR 软件的要求，也可以使用免费的工具。

15.3.1 BetterWorks

约翰·杜尔最推荐的工具（也是他的投资之一）是 BetterWorks。BetterWorks 是一种企业员工激励平台，旨在帮你"将你的整个员工队伍与组织的首要任务结合起来，并透明地跟踪进展"，这正是一个以 OKR 为重点的组织所需要的。它也很容易与许多公司正在使用的工具进行集成，如 Gmail、Jira（项目与事物跟踪工具）、Outlook（微软办公软件）、Slack（一种工作平台和团队消息应用程序）或 Salesforce（客户关系管理平台）。这些整合有助于加快员工的入职速度。BetterWorks 甚至提供辅导，以帮助新员工制定第一个 OKR。

所有这些的后续工作是，BetterWorks 还支持 OKR 的"兄弟姐妹"——CFR（一种替代年度绩效考核的管理工具），它代表着对话、反馈和认可。它们有助于指导管理人员"围绕绩效、反馈、发展和认可进行定期的、轻量级的对话"。

BetterWorks 还支持同事认可，因此，任何员工，无论其级别如何，都可以认可同事所做的工作。

所有这些都被跟踪、汇总成操作面板数据，通过这些数据，高级领导层可以一目了然地全面实施持续绩效管理。

BetterWorks 最初提供免费试用，之后每月收取费用。美国在线、索尼音乐等公司都在使用它。

15.3.2 Asana

Asana 是一个"工作管理平台，团队可以用它来保持对目标、项目和日常任务的关注，以促进业务发展"。它得到了爱彼迎、纽约时报、Possible Health 和美国国家航空航天局等组织的信任。虽然它没有被严格地作为 OKR 软件进行销售，但像 Possible Health 这样的公司已经将 Asana 运用在 OKR 管理上。

要学习如何做同样的事情，请查看 Asana 的相关文章，了解如何调整产品并用于 OKR。他们还提供了一个模板来帮助你开始工作。

Asana 也很容易与大多数公司已经使用的工具集成，如 G 套件、Slack，提供最初的免费试用和 3 个不同层次定价的产品。

15.3.3 Gtmhub

Gtmhub 是世界上先进的目标管理和员工体验软件，允许公司、团队和个人以透明的方式链接和层叠 OKR。这使得"你的团队中的任何人都可以看到他们的工作如何支持团队或公司的目标，创造一种有意义的工作、灵活性、自主性和联系的文化"。

作为一个高度可整合的软件，Gtmhub 提供与 Asana、谷歌分析、邮件黑猩猩等的 OKR 自动化。

他们还通过"Gtmhub 徽章"提供了一种独特的员工认可方式，使获得的成功几乎成为一种游戏，这对千禧一代来说是一个经过充分研究的激励因素。像领英全球职场社交平台的"档案强度"进度条都是为年轻人量身定做的。

Gtmhub 的一些客户包括基础套件公司、印尼开发者训练营和 SendCloud（中国专业的邮件发送平台）提供免费试用，然后按月收费。

15.3.4 Lattice

Lattice 帮助公司创造一种设定目标的文化。它提供了一个基础工具包，允许你设置明确的 OKR，建立可追踪的以员工为中心的一对一服务，并提供一个公共的"赞美墙"，通过该平台在整个组织内透明地庆祝成功。

它更独特的功能是为员工建立和运行"参与度调查"，这样组织能够把员工放在第一位。

Lattice 有单独的定价系统，取决于公司的需求。他们提供免费试用，之后按人、按月收费。目前依赖该平台的公司包括 Button（美国一家技术公司）和比特币公司。

15.3.5 Koan

Koan 是一个超级简洁明了的 OKR 跟踪平台，"帮助领导者提供卓越的结果"，也有付费版本。

直观的控制面板以标签形式在 "目标""思考"和"检查"之间轻松导航。后两者对 OKR 的进展特别有用。每周一次，平台会针对正在进行的工作以及完成 OKR 的可能性，向团队提出一个问题。这包含了一个演示功能，促使组织报告进展情况，而非只是状态更新。

Koan 还鼓励用户每周进行反思，让团队成员写下并公开分享他们已经完成的工作，以及他们在下周要做什么来实现目标，以提高透明度。

使用 Koan 的公司包括迪士尼、Hulu（美国一个视频网站）、耐克和 Vacasa（美国短期租赁平台）。

Koan 可与 Slack 完全整合，提供沙盘演示样本，并提供 30 天免费试用。

15.3.6 Ally.io

Ally.io 是一个软件解决方案，使日常工作流程中方便使用 OKR。操作面板不太像目标设定软件，反而可能会让你想起推特。它使 Ally.io 供的 OKR 透明度很吸引人，有个人、团队和公司的活动反馈。

每当你达到一个目标，每个人都会得到提醒，并自动串联到组织的高层。Ally.io 可以与公司经常使用的工具整合，如 Slack 或 Salesforce。

对目标的更新被称为"签到"。签到是一个很好的功能，因为联盟有一个内置的"时间机器"，允许团队成员将他们目前的进展与他们的历史性胜利进行比较。这种透明度对每周的一对一会谈很有帮助。

一个组织可能有进展较慢的高层次目标，其关键结果变化较频繁。虽然典型的 OKR 周期是每季度一次，但也因情况而异。Ally.io 使公司可以选择自己的 OKR 周期。

此外，如果你正在寻找帮助，以确定如何在你的公司推出 OKR，Ally.io 提供从小型到企业的培训并提供 14 天的免费试用。

15.3.7 Mooncamp

Mooncamp 是一个德国开发的 OKR 软件解决方案，它非常注重组织如何可视化地调整和过滤目标以方便导航。

在 Mooncamp 的操作面板上，高层次的公司 OKR 被分解成团队和个人 OKR。所有的目标都是灵活的，OKR 可以与一个或多个公司目标和其他团队目标保持一致。然后，可以用各种图表查看目标，从图表到进度条。但最有趣的是，Mooncamp 上的 OKR 也可以被看作是一种"网络视图"，类似于家庭树，它显示了所有 OKR 是如何在一个组织中相互关联和互动的。

一个强大的软件内搜索工具还可以过滤和钻取整个组织的 OKR，这对提高领导层的透明度和跨部门协作是很有用的。

Mooncamp 提供 14 天的免费试用，并可以在各种规模的公司中进行扩展。

15.3.8 PatPat360

PatPat360 是一款在意大利开发的 OKR 软件，具有许多与日常工作应用相关的功能，但针对 OKR 的实践进行了简化。

它的中央操作面板有点像"脸书"，组织成员的头像在"墙"上更新。用户可以在侧边栏导航到"我的目标"，也就是 OKR 的位置。在这里，OKR 可以在一个类似 Trello（团队协作工具）软件里的板子上拖动和重新排列，你就可以看到带评论的状态更新。

PatPat360 的突出之处在于，OKR 可以自下而上地被简化。领导者可以为其部门或组织中的任何人提供目标设定参数，让他们制定并提交符合这些标准的 OKR，以供批准。这就是 OKR 被开发的基础，那就是"当人们帮助选择一个行动方案时，他们更有可能把它看完"。

第十六章

如何准备 OKR 的口头演示

16.1 为什么需要演示准备

现在每位员工精心起草了自己的 OKR，下一步需要向别人介绍自己的 OKR 并获得通过，可能需要完整演示的场合主要有：与直接领导的一对一 OKR 设定会议；团队的全员大会上，有可能请关键成员，甚至可能请每位成员介绍他的 OKR。

如果你是团队领导，那么不仅需要介绍自己本人的 OKR，还需要与下属讨论他们的 OKR，更需要在公司或者团队会议上介绍自己团队的 OKR。

除了以上的完整演示，后续定期的 OKR 跟踪会议、季度末的评分会议等，都可能需要部分回顾 OKR 设置的原因，因此，除非你具备脱口秀主持人的素质，否则事先做个全面的准备是非常必要的。

16.2 案例分享：OKR 演示实录

那么，OKR 演示应该介绍到什么深度呢？没有什么比实际案例分享能更好地说明这个问题：

谷歌风投的合伙人瑞克·克劳分享了他在谷歌接手博客产品的时候，第一个季度的 3 组 OKR，并口头分享了他设置这些 OKR 的原因。

O1	加速博客收入增长
KR1	向所有用户启动"货币化"标签
KR2	实施 ×× 主机渠道展示位置定位以将每千次广告收入提高 ××%
KR3	启动 3 个针对特定收入的实验，以了解推动收入增长的因素
KR4	完成博客广告网络的产品请求文件，并确保获取工程师资源分配以在下一季度完成构建博客广告网络

O2	通过自发成长增加博客流量 ××%
KR1	推出 3 个新功能，将对博客流量产生可衡量的影响
KR2	改善博客的 404 处理，将所有从 404 错误开始的会议，现场时间和每届会议的网页浏览量延长 ××%

O3	提升博客的声誉
KR1	通过在 3 场行业会议上讲演来重新建立博客的领袖地位；
KR2	协调博客的十周年生日公关活动
KR3	确定并亲自联系前 ×× 位博主
KR4	解决《数字千年版权法》流程问题，消除音乐博客的错误删除问题
KR5	在推特上设立 @××，定期参与关于博客产品的讨论

当时的背景情况是：当他接手博客产品时候，无论从网页浏览还是用户数量角度衡量,博客都是世界第八大网络资产（迄今仍然在前十名）。

在谷歌内部，搜索引擎是第一大产品，邮箱是第二大产品，博客是第三大产品，但是在前两个产品的炫目光环下，几乎没有人关注博客，它几乎被忘却了，尽管它是巨大的流量引擎。有一次，谷歌审视旗下所有产品，看看有哪些是产生收入的，或者可能产生收入。而博客当时有少许收益，不算太多。因此管理层要求瑞克·克劳来接管，把博客扭转为一个盈利的业务。因此他设置了这三组 OKR。以下是他的逐条解释，括号里的文字为根据他口述概括的背景或原因。

第一组 OKR

O1	加速博客收入增长

（在每个季度，他的首要目标都是促进收入增长，所以他的第一个 O 一定是加速收入增长，只是每个季度的 KR 不尽相同）

KR1	向所有用户启动"货币化"标签

（他刚接手博客的时候，每个博主要发布博文之前，每发一篇平均需要按 14 下鼠标。他要求一键实现这些功能来给博主减负）

KR2	实施 ×× 主机渠道展示位置定位以将每千次广告收入提高 ××%

（这里面的关键结果是将收入提高 ××%，前面的实施某功能只是为了更好地服务广告客户以推动收入增长）

KR3	启动 3 个针对特定收入的实验，以了解推动收入增长的因素

（当时是 2008 年底 2009 年初，对于如何提高博客产品的收入，有可能存在盲区。因此老板乔·克劳斯建议，不要假设我们知道所有的路径而径直前进，开展几个实验测试一下，如果某路径可以推动收入增长，那么加速前进，否则就停止这个方向的资源投入）

KR4	完成博客广告网络的产品请求文件，并确保获取工程师资源分配以在下一季度完成构建博客广告网络

（这是为下个季度项目开工的准备工作，包括两个动作，如果只完成前一个文件准备，而没有获取更为重要的工程师资源，那最多只能得 0.5 分）

第二组 OKR

O2	通过自发成长增加博客流量 ××%

（博客是个完美的礼物，有上亿次的访问浏览，哪怕什么都不做，它也有这么大的流量，而且还会继续增长。瑞克的角色不能只是等着它增长，而要主动成为促进流量增长的推手。这里的关键是：在自然增长之上，更要求增加一个百分比）

KR1	推出 3 个新功能，将对博客流量产生可衡量的影响

KR2	改善博客的 404 处理，将所有从 404 错误开始的会议，现场时间和每届会议的网页浏览量延长 ×× %

（这虽然是一个非常技术性的成果，但是想想几十万的浏览去到不存在的网页，带给用户的体验多么差，所以决心改善对于 404 错误的处理，改善用户体验，来增加或留住流量）

第三组 OKR

O3	提升博客的声誉

（当时，博客马上进入第十个年头了，但是即便在美国，也经常被遗忘。谷歌没有积极主动地向媒体、用户、合作伙伴营销该产品，因此瑞克的工作应该包括将博客作为社群活跃的一分子推广）

KR1	通过在三场行业会议上讲演来重新建立博客的领袖地位

（走出去在行业会议上介绍博客，吸引大家的注意力）

KR2	协调博客的十周年生日公关活动

（当年的 10 月，适逢博客产品十周岁纪念日，不仅要想想如何庆祝这个里程碑，还要利用十周年庆来反哺博客的知名度，增加流量与营

收。因此在十周年庆前后，博客与众伙伴合作，举办了系列公关活动，有些是针对增加流量的，有些是增加营收的，这一切都来源于几个月前开始的公关策划）

KR3	确定并亲自联系前 ×× 位博主

（找出博客上流量最大的 10 位博主，亲自写邮件给每一位。他们中的很多人已经在博客平台上活跃多年，这些博主和博客平台是共创营收的，但他们从来没有收到来自博客团队的任何信息。瑞克给他们每人留下了自己的各种联系方式：邮件、手机、推特，这样如果博主们需要帮助可以直接找瑞克，他们不再觉得自己天天跟一个没有面孔的产品打交道）

KR4	解决《数字千年版权法》流程问题，消除音乐博客的错误删除问题

（这又是一个技术性非常强的问题。由于美国法规的原因，音乐博客面临很多错删，例如只需要删除某次发布的时候，往往错删了整个博客。这严重伤害了博主和读者的用户体验。因此需要采取措施，甄别并消除错误的删除动作，修补用户体验）

KR5	在推特上设立 @××，定期参与关于博客产品的讨论

（为了提高声誉，应该使博客产品在推特上活跃起来。无论博客发

生什么事情，很多博主和读者都在这个专区里互相热烈讨论，博客产品团队也应该在博客专区里活跃发声）

16.3 演示注意事项

第一，设定演示时间并预留讨论时间。OKR 的讨论极易超时，因此双方做好准备并且守时非常重要；

第二，建议参考上节博客案例的详略程度，先把整个 OKR 草稿过一遍，注意并非每条分配的时间都相同，有些无须解释的可以直接跳过解释；有些技术性强的，如果听众不限于技术背景的同事，请减少缩略语，用尽量直白的方式阐述；

第三，预留问答时间并准备好就其中某几项重点问题展开讨论；

第四，为了不让自己被动，除了抛出来的目标和关键产出外，最好预留一两个备用的 OKR；

第五，若是会议中出现当场无法彻底解决的问题，不要纠缠，设置单独会议另行解决。但是会后一定要说到做到，不要走出会议室就置之脑后了。

16.4 练习：准备你在会议上的 OKR 口头演示

参看公司的会议日程，每位发言者允许发言多长时间？按照这个时长练习你的演讲。

将其录下来，自己回放一遍，自己感觉怎么样？

第十七章

如何准备 OKR 会议

17.1 定期的 OKR 会议种类

采用 OKR 时最大的陷阱就是设置以后把它们抛到脑后。迄今为止，这是导致 OKR 失败的最常见的原因。如果管理者只坐在办公室里，就不要指望一个季度结束时 OKR 都能自动完成。

OKR 相关的会议主要有两种：

（1）每个季度一次的正式会议，公布上季度的得分，设置下一个季度的 OKR；

（2）每周或者双周一次的跟踪会议（也叫签到），随时跟进 OKR 的进展。

除了以上两种必需的会议以外，可以根据需要插入一对一的单独会议等。此处我们重点介绍这两种主要的会议。

17.2 如何开 OKR 跟踪会议

OKR 的进度审查应该是 OKR 周期中的重中之重。你的团队知道他们的目标，但老实说，事情并不总是按计划进行。OKR 进度审查的最佳实践可帮助你：对当前进度有一个全局观；在为时已晚之前识别障碍；确定方向不变的前提下，做些业务微调或重点转移；调整你的团队，缺资源的协调资源，有惊喜发现的更加发力；明确并校准预期；确定下周的优先级。

很多公司本来就有周会或者双周会制度，通常是星期五或者周一的简短会议，OKR 的讨论可以嵌入周会中，OKR 是支持业务的工具而不是束缚业务的枷锁。

★ 小贴士：团体会议还是 1:1 会议？

要注意，OKR 跟踪会议不应该是公司全体会议，而是每个部门或团队都应该有自己的会议。如果初创公司没有组建部门或团队，可以召开全体会议或者各自与其经理会面并报告。

除此之外，管理者也可以视需要安排 1:1 的事先讨论或者及时跟进，也许不是一个会议，只是在茶水间里一起用了 10 分钟喝喝咖啡。笔者本人经历的最简短的跟踪会议是，我的老板马上要去机场，连咖啡都没有时间跟我喝，于是他问我是否可以跟他一起乘电梯下楼，并陪他等车来。这三五分钟内我们就沟通了两三个最重要的事情进展，而他也及时赶到了机场，并没有误机。

17.2.1 定义最适合你团队的重复周期和格式

我们建议每周或者双周召开 OKR 跟踪会议，小型团队不超过 15 分钟，大型团队不超过 30 分钟。这应该有足够的时间来反思目标进展并为下一周设定优先事项。

一开始，时间安排可能需要一些培训，但是一旦你掌握了流程的要点，请保持一致并坚持既定的时间。OKR 跟踪会议应直奔主题，按时结束。如果个别员工的 OKR 或个别关键结果需要深入讨论，深入工作应单独进行，不要耽误全部门的时间。

17.2.2 邀请所有与会者

每个部门或团队应该每周举行一次 OKR 跟踪会议。召开经理和高级管理层之间更广泛的 OKR 会议也是一个好办法，但频率较低（例如，每月一次）。

目前各个公司使用的办公应用或者软件都有会议功能，可以帮助你顺利设置定期的 OKR 进度审查会议，并每周提醒所有参与者。对于这种常规会议，我们建议提前预订好大家的时间，一方面有助于养成习惯，另一方面员工安排其他业务活动时候可以避开这个时段，免得需要做两难的选择。我们建议在会议邀请中注明简单的会议日程，尤其是刚开始开 OKR 跟踪会的时候。

17.2.3. 制定明确的议程

与持续时间一样，OKR 跟踪会议的议程应该清晰一致。这将有助于养成习惯并设定正确的期望，因此员工不会因会议时间长了或讨论意外议程而措手不及或感到意外。

下面是你可以用于 OKR 跟踪会议的一个实用模板：

（1）进度讨论和状态

分享与每个目标相关的关键结果的进展，这意味着从一个 OKR 开始并讨论所有相关 KR 的进度，然后继续讨论其余的 OKR。

每个 OKR（或单个 KR）的所有者必须为每个计划设置一个状态，并传达引导他们选择每个状态的上下文。我们推荐以下选项：

取消；偏离轨道；延迟；在轨（正点）；已完成。

在讨论每个关键结果时，确保每个人都解决阻碍进展的障碍。

（2）反思

自上次 OKR 签到会议以来，你是否尝试过有助于推动关键结果的新事物？或者你是否意识到应该以不同的方式做事？

（3）待办事项优先排序或调整

通过掌握状态、阻碍因素和吸取的经验教训，团队可以决定在接下来的一周内重点推进哪些计划以及优先考虑哪些事项。

也许你会意识到 KR 不会因为你无法控制的原因而推进，并且最好将其搁置到下一个季度，同时将更多时间投入到偏离轨道、延迟和正常运行的关键结果上。

有些话题可能需要深入讨论，但 OKR 进度审查会议不适合单个话题的深入。因此，凡是需要深入讨论的各方应该安排单独的会议。

（4）团队准备下一步行动

确保所有团队成员都清楚下周需要其他人提供的优先事项和意见。如果需要针对特定的关键结果安排重点讨论。

持续记录进展是关键，将帮助你的团队保持专注和会议简短。最简单的方法是使用与你的会议相配的目标跟踪工具。通过这种方式，你可以轻松地看到议程中的目标状态和进度。

17.2.4 会议期间做笔记

当你按照议程进行时，做笔记（可以选择公开或私密）并写下行动项目。理想情况下，选择一个记录工具，让你可以将这些笔记带到下一次会议，这样你就可以更有效地跟踪仍然需要解决的问题。

17.2.5 OKR 签到的后续跟进

尽管每周的 OKR 跟踪会议不是就特定障碍进行彻底讨论的合适场所，但这次会议应该不仅仅是记录这些特定问题。会后应尽快就特定的障碍采取行动。

除了举行 OKR 跟踪会议外，还可以根据需要安排与每个下属进行一对一会议。

17.3 如何开 OKR 规划会议

一个季度结束后，公司应该组织全体会议讨论执行结果。一个年度结束后更加应该开会总结。全面回顾过去季度或者年度的 OKR 会议非常重要。各个团队的负责人将分别介绍各自团队的达成情况；为什么这样评分；下个季度如何调整。大集团公司可能按照事业部介绍，中等公司可能按照职能部门（例如市场部门、营销部门、财务部门等），小型创业公司里，有可能关键员工个人的 OKR 达成就代表了其所在职能的达成。因此可以视自己公司的情况而安排发言人。

无论你的公司规模或团队类型如何，OKR 计划会议都具有类似的结构。以下是常见的模板：

（1）分析上个季度我们哪里做得成功，哪里做得失败

上个季度的表现如何？为什么这样评分？是否有过于理想化的关键结果？需要改变它们吗？

（2）确定最重要的目标

大多数时候，公司的目标不会改变。但是你可能根据需要调整排序。为了在实际计划会议上节省时间，请让团队对目标进行评分或投票。

（3）确定下季度的三大优先事项

开启下一个周而复始的周期，最终确定前 3 个优先事项。目标太多的话，你的团队最终可能无法实现任何目标。下一个季度的 OKR 一般与上个季度有一定的延续性，但视情况也可能有全新的调整。

（4）将优先事项转化为 OKR

将这三大优先事项转化为数字。更重要的是，确保你当前的分析可以准确地衡量它们。

（5）资源和障碍

确保你的关键结果与你的资源之间没有差距。你是否有足够的资源来实现你的目标？什么是潜在的障碍？你如何减轻它们？

（6）行动

会议结束后的最终目标是让你和你的团队每天都有扎实的计划可以采取行动。

这个过程也能起到校准的作用，各部门负责人对于 OKR 的公开汇报以及讨论，促使每个部门诚实面对自己的达成情况，接受其他部门的无形监督和协调，并取得所有员工的认可。这是整个体系内最有价值的部分。反之，对于粉饰太平或者偷懒"摸鱼"的员工，每季度 OKR 会议将是他们的噩梦。

安排季度或者年度会议的步骤与 OKR 跟踪会议基本相同，具体方法请参见之前相关章节。

17.4 练习：准备你的 OKR 会议

（1）确定 OKR 跟踪会议的召开时间和频率；

（2）确定全员的 OKR 规划大会的召开时间和频率；

（3）向团队成员发送定期邀请；

（4）向每次会议的参会成员公布会议日程。

第十八章

如何给 OKR 评分

18.1 评分评级系统的设定

我们见过某些公司采用极其复杂的评分系统：迫不及待地添加详细的权重、评分表、部门之间的校准和对齐……对于每季度都需要更新的 OKR 体系来说，似乎太"沉重"了，而且没有必要。我们比较推崇删繁就简地设置一目了然的得分体系，让员工和管理者的智慧、公正和勇气在打分中发挥作用。

18.1.1 评分系统

我们需要牢记，打分是为了提供反馈。很多用过 OKR 的人都说，客观地评价上季度的表现最重要。自己对上季度目标和关键结果的达成评价，以及团队或领导对自己达成的评价，往往是最大的收获，而且这些评价深深影响着下一个周期 OKR 的设定。

因此我们看到行业领先的公司反而采用极其简单的评分方法：OKR 之父安迪·葛洛夫对 OKR 进行评分的方法是一种简单的"是"或"否"达成还是未达成，一目了然。

还有一种更高级的方法可以按比例对每个关键结果进行评分。"0"代表失败，"1.0"代表目标完全实现，中间值代表部分实现。每个目标的得分来自其各个关键产出得分的数学平均值；每个季度该员工的 OKR 总分来自每个目标得分的数学平均值。

分数确实也不那么重要，你可以自己观察一下：如果你的评分细到小数点后两三位，或者发现自己需要好几分钟才能打出分数，那么你就跑偏了。应该将宝贵的精力、时间投入到促使关键结果的增长，而不是浪费在评分上。

思考一下，你比较习惯哪种评分？

是 / 否?

0 ～ 1 分?

百分比?

百分制?

18.1.2 评级系统

根据平均得分得出相应 OKR 评级:

- 0.7 ～ 1.0 = 绿色(我们达成了)

- 0.4 ～ 0.6 = 黄色(我们取得了进展,但没有完成)

- 0.0 ～ 0.3 = 红色(我们没有取得真正的进展)

思考一下,你比较习惯哪种评级?

用颜色区分?

用文字描述区分(达成、部分达成、未达成)?

不同评级与评分的对应点?

18.2 如何给你的 OKR 评分

如果你使用 BetterWorks 或 Lattice 等 OKR 软件,系统将为你生成 OKR 分数。如果你不是,你将不得不做一些数学运算。但是,无论你如何计算分数,最好了解数字背后的含义以及它们的来源。

首先我们尝试采用安迪·葛洛夫的"是"或"否"方法。为了看到它的实际效果,让我们用足球队做类比。假设你是一个足球队的招聘人员,本季度你的 OKR 如下所示:

O1	招募 3 名新球员	
KR1	参加 25 场比赛以发掘潜在的新人	
KR2	在这些比赛中接近 30 名球员	
KR3	联系 10 名潜在新球员的经纪人	

以下是你计算分数的方法：

KR1	参加 25 场比赛以发掘潜在的新人	否
KR2	在这些比赛中接近 30 名球员	是
KR3	联系 10 名潜在新球员的经纪人	是

这是 OKR 最基本的"是 / 否"打分法。

如果我们按照第二种办法，对每个单独的关键结果进行评分和计算平均分数，以对目标进行评分，为了将其可视化，让我们使用相同的足球队招聘 OKR（括号里的文字提供了更多信息）：

KR1	参加 25 场比赛以发掘潜在的新人	0.8

（你只能参加 20 场比赛，所以打 0.8，这是一个令人钦佩的分数）

KR2	在这些比赛中接近 30 名球员	1.0

（你接触了 30 名球员，所以这是一个完美的 1.0）

KR3	联系 10 名潜在新球员的经纪人	0.6

（你只联络到了 6 名经纪人，所以打 0.6，标注绿色就很勉强了）

总而言之，平均分是 80%，或者原始分数为 0.8，为合格。

值得注意的最后一件事是，你希望看到关键结果的变化。如前所述，70% 是一个不错的分数。如果一切都是 100% 或 30%，那么这种同质性是可疑的。这可能意味着你需要设定挑战性目标或彻底重新考虑你的 OKR。

18.3 案例分享：博客产品负责人的 OKR 评分

谷歌风投的合伙人瑞克·克劳分享了他刚刚接手博客产品的时候，第一个季度的 OKR 得分。虽然那个季度已经过去了很久，但是他清楚地记得自己为什么给自己打某一项分数。以下是他的 OKR，最右边一栏是他给自己的评分：

O1	加速博客收入增长	0.7
KR1	向所有用户启动"货币化"标签	1.0
KR2	实施 ×× 主机渠道展示位置定位以将每千次广告收入提高 ×× %	0.3
KR3	启动 3 个针对特定收入的实验，以了解推动收入增长的因素	0.7
KR4	完成博客广告网络的产品需求文件，并确保获取工程师资源分配以在下一季度完成构建博客广告网络	0.8

O2	通过自发成长增加博客流量 ××%	0.45
KR1	推出 3 个新功能，将对博客流量产生可衡量的影响	0.6
KR2	改善博客的 404 处理，将所有从 404 错误开始的会议，现场时间和每届会议的网页浏览量延长 ××%	0.3

O3	提升博客的声誉	0.72
KR1	通过在 3 场行业会议上讲演来重新建立博客的领袖地位；	1.0
KR2	协调博客的十周年生日公关活动	0.8
KR3	确定并亲自联系前 ×× 位博主	0.8
KR4	解决《数字千年版权法》流程问题，消除音乐博客的错误删除问题	0.4
KR5	在推特上设立 @××，定期参与关于博客产品的讨论	0.6

他逐条简单介绍了为什么这样打分，以下括号里的文字为根据他的口头说明整理的概要：

第一组 OKR

O1	加速博客收入增长	0.7

（平均得分 0.7，为以下 4 个关键结果得分的数学平均数）

KR1	向所有用户启动 "货币化" 标签	1.0

（得分 1.0，因为按时成功启动了该功能，对于整体用户体验带来显著改善）

KR2	实施 ×× 主机渠道展示位置定位以将每千次广告收入提高 ××%	0.3

（得分 0.3，因为该项目虽然实施了一个版本，但是对收益并没有产生太大影响，这一项可视作失败）

KR3	启动 3 个针对特定收入的实验，以了解推动收入增长的因素	0.7

（得分 0.7，因为只有两个实验成功展示了推动收入增长的因素，第三个实验没有得出任何有启示性的结论。瑞克认为这是自己的错误，没有将实验设计得很有效）

KR4	完成博客广告网络的产品需求文件，并确保获取工程师资源分配以在下一季度完成构建博客广告网络	0.8

（得分 0.8，因为虽然产品需求文件完成了，也确保了相应的工程师资源，但是仍然有些问题待解决，因此考虑得 0.8 分）

第二组 OKR

O2	通过自发成长增加博客流量 ××%	0.45

（得分 0.45，为以下关键结果得分的平均数）

KR1	推出 3 个新功能，将对博客流量产生可衡量的影响	0.6

（得分 0.6，因为谷歌推出了两个新功能，对于流量的影响也是可衡量的，所以这一项应该算是有待提高）

KR2	改善博客的 404 处理，将所有从 404 错误开始的会议，现场时间和每届会议的网页浏览量延长 ××%	0.3

（得分 0.3，到该季度末，瑞克的团队摸索出了所有可以改善 404 处理的动作，并且布置给工程师们去实现，但是还没有完成）

第三组 OKR

O3	提升博客的声誉	0.72

（得分 0.72，为以下关键结果得分的数学平均数。以下这些都是比较直白的行动，因此打分也非常容易，这里不再一一解释了）

KR1	通过在 3 场行业会议上讲演来重新建立博客的领袖地位；	1.0
KR2	协调博客的十周年生日公关活动	0.8
KR3	确定并亲自联系前 ×× 位博主	0.8
KR4	解决《数字千年版权法》流程问题，消除音乐博客的错误删除问题	0.4
KR5	在推特上设立 @××，定期参与关于博客产品的讨论	0.6

从中我们可以清晰地看出，瑞克对于自己的要求还是相当高的，打分从严。也可以看出，一个无争议的 OKR 打分过程，需要的并不是什么高深的管理技术，而是员工和管理者的常识、业务洞见、战略规划能力和客观公正的心态。这是任何所谓"完善、科学的管理体系"都无法替代的。

另外，OKR 的设计水平也是重要因素。虽然只有 3 个目标，每个目标只有 2 ～ 5 个关键结果，但是每一个关键结果都可衡量。季度末的时候简单介绍一下达成情况，得分就一目了然了。可以说，打分的效率和效果，在 OKR 设计阶段就注定了一多半。

★ **小贴士**

总体分数应该分布在哪个区间合适？ 这也是习惯了强制分布的管理者必定会问的问题。其实得分的结果在 OKR 设定时就注定了。如果设置的目标具有挑战性，那他不可能全部达标。虽然我们并不提倡把强制分布等机械化的管理机制照搬到 OKR 中，但是站在公司的角度，自然而然有个全局观察：是否有某个部门或某个人刻意压低 KR 设置以得高分？ 最关键的是，OKR 得分最高的季度或部门，是否刚好是业绩最好的季度或部门？ 得分与业绩的相关性从另外一个角度印证了 OKR 设置的科学性。

18.4 OKR 未达标部分的处理

规划下一个季度的 OKR 时，绿色已完成部分一般不再出现；黑色已完成部分，视其重要性和完成程度，可能出现或者合并到某一项中，但是实际工作中仍需完成；红色部分则需要认真审核，下个季度，是否再接再厉继续做呢？大部分情况下的回答是：看下个季度它是否依然有战略重要性。

具体行动上，首先我们要按照场景来剖析为什么不能达成：

（1）如果是因为阶段性的客观原因（例如资源不够），但是初步判断战略方向是正确的，时机也没有消逝，那么下个季度如果资源分配得过来，还可以继续尝试；

（2）如果是努力过但是有障碍造成此路不通，有可能要探索一下是否有别的路径，目标可以保持但是关键结果可能需要调整；

（3）如果是没有努力或者努力结果不理想，那么就要考虑是否是该员工的绩效问题或者能力问题；如果该目标依然重要但是员工能力或绩效不佳，可能要调整资源配置等；

（4）如果以上均排除，可能需要反思这是否是一个现实可行的，或者值得去努力的目标。

★ 小贴士

对于得分低过 0.4 的项目，我们应该用什么心态去看待和处理呢？谷歌的做法是：我们并不视其为失败，而是视其为数据，来自一线市场的宝贵数据。这些数据告诉了我们很多事情，我们自以为知道，但事实并非如此。所以低分数只是亮起一个红灯，警示我们此处有盲区，需要我们深入了解并处理。对于业务领导来说，这样的警示作用的价值远远超过了得分本身。

18.5 练习：设计你的 OKR 评分系统

18.5.1 OKR 评分表

是 / 否？

0 ~ 1 分？

百分比？

百分制？

18.5.2 OKR 评级表

用颜色区分？

用文字描述区分（达成、部分达成、未达成）？

不同评级与评分的对应点？

第十九章

OKR 中如何给予反馈

19.1 如何给员工反馈

反馈大概是让所有经理人最为紧张的事情了。反馈像一把双刃剑，既可以促进工作体验、团队动态和公司文化的巨大变化，也可以一夕间摧毁这一切。相关人员之间是否存在相互信任？反馈是主动提供的，还是仅限于 OKR 流程要求不得已而为的？

反馈不一定是"房间里的大象"（意思是一些非常显而易见，却一直被忽略的问题）。如果提供得当，它可以激励和吸引员工优化工作流程，并营造一种主人翁精神和责任感的文化。

OKR 如何帮助反馈过程？

目标和关键结果框架是一种协作式目标设定方法，可帮助团队通过称为关键结果的具体和可衡量的行动项目来设定理想目标。实施 OKR 为高效、以目标为导向的环境奠定了基础，从而减轻了提供反馈的压力。通过阐明共同的目标和期望，OKR 框架以一种建立相互信任的轻量级方法创建了一个自然而流畅的反馈过程。

一旦制定了 OKR，反馈就可以像在项目或季度结束后与员工一对一会面、审查目标、评估是否达到目标以及评估原因或原因一样简单，这称为"对话、反馈和认可"或称为 CFR。

CFR 为更直接的问题和反馈创造了空间，并使对话专注于工作和不断变化的输入和输出。它们自然地限制了由措辞不当的反馈引起的常见误解。但是，无论你是否正式实施 OKR，CFR 的基本要素都适用于每次绩效审查或反馈对话。因此，下次你与员工坐下来讨论绩效时，请记住以下要素：

（1）**对话**。对话方面构建了讨论和即将到来的反馈。它可以帮助经理和员工围绕目标和期望进行深思熟虑的汇报。关注此时双向交流的重要性，并确保对方有机会发表意见。在谈话过程中，花点时间询问员工认为在这个角色上取得成功需要什么（即额外的资源、更多的时间、更多的委派、更多的方向）。这也是进行宝贵对话的原因。它们可以实现吗？为什么？是否应该重组目标或工作职责？

（2）**反馈**。首先，有效的反馈是具体且公平的。歧义往往会导致防御。当员工觉得需要保护自己时，他们不太可能接受需要改进的信息。因此，构建上下文并提供具体示例非常重要。其次，你的反馈应该是有目的的和善意的，要清楚地区分非生产性行为模式和孤立事件。再次，聚焦下一步，分享在特定情况下可能做出的不同决定。你的改进建议是否可行？你对新方法有什么想法？在《衡量至关重要者》一书中，约翰·杜尔写道："反馈是提出正确的问题，强调发现更好的方法，减少对人的判断，更多地相互发现基于我们所知道的更好的前进道路。"

（3）**认可**。承认在此过程中取得的努力、精力、进步和小里程碑是必不可少的。认可传达了员工的价值，并有助于他们在环境中的整体归属感。认可也应该是及时和具体的。除了反馈对话之外，还应实时提供员工做得好的示例。建立感恩和欣赏的公司或组织文化并为之做出贡献非常重要。

再强调一次，向员工提供反馈不一定是令人尴尬或不舒服的经历。如果做得好，它可以提高士气并提高团队的整体绩效。通过保持透明并就期望和结果进行公开对话，让反馈过程为你服务。主动、公平和有目的地提供反馈，永远不要错过感谢员工贡献的机会。

19.2 如何给同侪反馈

如果给下属员工的反馈起码还有上下级关系加持，那么同侪间的反馈就更困难了。其实，同侪间点对点反馈创造了一种责任共担、自组织、团队合作、员工敬业度和问责制的文化。然而，如果没有相互信任、特异性和积极意图，这种反馈形式可能更具有挑战性。

为了尽可能建立和维持最佳的工作关系，在同侪反馈中，重要的是要了解团队的目标，了解你提供反馈的人的个性，并对下一步的方向有一个整体的感觉。

以下是 OKR 可以为有效和积极地同侪反馈文化奠定基础的 4 种方式：

（1）OKR 概述了团队的目标。每个工作日都有自己的一系列挑战，没有两天是一样的。但是，当有共同的使命和要遵循、跟踪的明确目标时，让其他人对他们在团队中的角色负责会更容易。目标和关键结果框架鼓励每个人公开发布他们的 OKR，将每个人放在同一起跑线上，提供一种透明的方式来传达高级别的优先事项和目标，以及明确的行动项目或策略实现每个目标（关键结果）。当你可以评估目标是否完成并进一步讨论原因时，提供反馈是一种更简化的体验。

OKR 中的锚定对话可确保参与者有不同观点的对话不会被资历或主观感受等任意因素所垄断。换句话说，OKR 确保对话更多地关注要完成的工作，而不是对个人特征的评论。在审查 OKR 时，将反馈集中在学到的东西上会变得更容易，而不是挑出人们的错误。

（2）OKR 有助于建立相互信任。在建立积极的工作关系之前，反馈有时会被视为人身攻击。信任是任何反馈过程的核心要素，无论是同事对同事、经理对员工，还是员工对经理。OKR 不仅通过鼓励赋权，而且通过创造透明的环境来帮助建立同行之间的信任——讨论进展（或缺乏进展）是一种社区规范。从确定他们可能忽略或共享潜在资源的领域，到讨论如何转向更有效的策略以实现目标，OKR 创造了一种有机评估的文化。定期练习、分享你的现状（以及倾听你的同侪的现状）在建立相互信任方面会带来巨大的回报。

（3）OKR 可建立富有成效的对话。目标和关键结果不仅仅是一个要遵循的公式，还是一个完整的框架，包括围绕它们的交互系统。该系统的核心组件是 CFR 。CFR 为更直接的问题和反馈创造了空间，并使对话专注于工作和不断变化的输入和输出。它们自然地限制了由措辞不当的反馈引起的常见误解。精心编写的 OKR 简化了 CFR 会议，是对 OKR 流程的有效补充。CFR 和 OKR 一起被称为持续绩效管理。

（4）OKR 有助于确定下一步方向。推出 OKR 为高效、以目标为导向的工作文化奠定了基础，使审查过程不那么个人化。有了明确定义的愿景，在审查目标、评估是否达到目标、评估原因以及根据学习结果调整方向时，反馈将变得流畅和透明。

同侪间点对点反馈可提供给团队非常宝贵的额外见解、想法和观点。如果给予得当，同行反馈可以使公司和组织变得更好。OKR 可以通过增加结构性、一致性和问责制来帮助简化反馈过程。

第二十章

如何适用多场景的 OKR

20.1 OKR 是否适用于小微企业

OKR 其实非常适合初创公司，比起那些传统的管理工具，OKR 可以做到小、快、灵。

一个例子就是给美国医疗健康领域带来革命性转变的生物医药数据公司——Nuna，该公司由吉妮·金创立的，为美国的雇主和自雇人士提供了医疗索赔方面的信息服务。吉妮·金的弟弟是医疗保险的受益者，也在家里帮姐姐做这家公司。这家小微企业，在当地 50 年来第一次打造了 7000 万医保系统会员受益者的数据库。

这个项目招标的时候，Nuna 只有 6 位员工，是个无人知晓的小型公司，但是吉妮·金站出来勇敢地应标，纯粹因为使命感的召唤，因为她的弟弟曾经是这个保险的受惠者。他们一家刚到当地的时候，弟弟遭遇重病，幸亏有了该系统的支持，弟弟康复了。她希望所有人都受惠于这个医保系统。

她最终赢得了合同。随之她采用 OKR 来管理，聘用了 60 位员工，达到了合同要求的安全等各项指标，成功地按时按预算交付了项目。

此外，有无数的初创企业采用 OKR 来管理，在 OKR 的支持下他们由小微企业变成了行业领袖。

20.2 OKR 是否适用于大型组织

OKR 能否用于 80000 人规模的公司？

在大型组织中推出 OKR 的关键是从小处着手，从高层开始。把自己想象成一个只有 8 人的公司，而不是一个 80000 人的公司，也许只是最高级别的管理人员。

从一张白纸开始，然后确定你希望在未来 90 天内看到的改变。这些是公司范围内的 OKR，让这些成为你的公司在一个周期中的首要任务。

当下一个周期到来时，评估进展到哪里了，如果你觉得自己掌握了窍门时，让你的部门负责人写下他们的 OKR，注意确保它们与你公司范围内的 OKR 一致。请记住，许多公司选择将公司级 KR 分解到部门目标中，但这完全取决于你。继续这个过程，直至分解到每一个员工为止。

透明度和教育是关键。确保公司中的每个人都确切地知道 OKR 是什么，以及你选择实施它们的原因，这一点很重要。我们发现，以身作则是在这个新流程中获得认可的最佳方式。这使你可以向公司阐明你的目标、期望和方法，并且你会惊讶于你的团队将多么愿意和渴望遵循公共政策并效仿。

这个过程很可能不会完美地发生，也肯定不会在一夜之间发生，但要对自己要有耐心。只有在感觉自然和正确时，OKR 层级才会提升到新的水平。看到像谷歌这样的大公司灵活高效地使用 OKR 很容易，然后问自己"他们到底是怎么做到的"。请记住，当约翰·杜尔向谷歌引入 OKR 时，只有 20 人在那里工作。罗马不是一天建成的，OKR 的高效、大规模架构也不是一天建成的。

20.3 OKR 如何帮助远程团队

由于 2020 年的新冠病毒的原因，许多员工不得不远程工作。根据最近一项调查显示，74% 的受访者希望他们的一些员工在疫情结束后也能继续在家工作。全球劳动力的这种突然中断将使弱团队变得更弱，而强团队更强大。对于那些想要出类拔萃的人来说，他们必须将挑战转化为机遇。

如果没有足够的预防措施，当"总部"被成百上千个办公室所取代时，沟通上的裂缝就会变成裂口。突然之间，像走进同事办公室以快速解决问题或确认信息这样简单但富有启发性的互动不再可能。

即使在传统的工作环境中，优先事项和责任的清晰度也可能难以捉摸。

"如果你告诉每个人去欧洲的中心，有些人开始向法国出发，有些人去德国，有些人去意大利，那不好；如果你想让他们都去瑞士，那就不行了。"英特尔前同事吉姆·拉利曾经向约翰·杜尔解释过，"如果向量指向不同的方向，它们加起来为零。"

抵消突然出现的数字孤岛的最佳方法是制定简单而精确的目标。如果你的团队是第一次远程工作，明确的目标对于提高生产力和士气就更加重要。

幸运的是，目标和关键结果框架是一种简单而有效的沟通优先事项和责任的方法。它们清楚地概述了公司的首要任务以及需要跟踪以确保成功的指标。OKR 还为定期进度监控和绩效评估提供了一个结构。

无论你是远程工作多年还是刚刚开始，OKR 都可以改善你公司的运营并鼓励所有团队成员保持工作效率。本文将重点介绍为什么 OKR 是远程工作的绝佳工具。

20.3.1 不再猜测

OKR 消除了远程员工必须做出猜测，才能弄清楚公司的首要任务是什么。如果做得好，OKR 很简单。汗水资产的乔治·巴布说，可以在短短一个小时的对话中梳理出公司的三大优先事项。之后，将它们插入 OKR 格式，它们就可以以最适合公司的任何方式分发。没有什么是必须见面才能做的。

"进入门槛并不高。"巴布说，"我们的 OKR 始终处于每次全体会议的首要位置。它只是在谷歌文档中，没什么复杂的，没有外部工具。"

由于它们完全透明且易于理解，因此每个人——无论是在办公室还是在家工作——都应该知道公司在任何特定季度的目标。

下面是一个简单而有效的全公司 OKR 示例：

O	通过每月获得 5000 个软件订阅来达到有意义的规模
KR1	通过技术和非技术 SEO，每月 10 万网站访问者。
KR2	根据所有站点流量，改进漏斗以实现每月 5000 次订阅。
KR3	扩展产品和流程以支持每月 5000 次订阅
KR4	净推荐值高于 90

20.3.2 注重结果的团队管理

OKR 不仅明确了目标，还列出了实现目标的参数。关键结果由团队共同商定，即完成目标后应该取得什么样的成功。

下一步，团队和个人应该拥有特定的 KR 或将其转化为与该高级目标一致的自己的 OKR。这个过程被称为"分解"或"阶梯"。

以下是团队或个人如何通过将 KR 转变为他们自己的 OKR 来获得其所有权：

O	通过技术和非技术搜索引擎优化达到 10 万名访问者 / 月
KR1	某些关键字在谷歌上的平均排名前 10 位
KR2	达到平均页面速度 1.5 秒
KR3	每月发布 20 条内容
KR4	将社交媒体关注者增加 10 倍

关注预期结果的另一个好处是，绩效不再与工作时间挂钩。期望远程团队中的每个人都按照传统的朝九晚五的方式工作是不合理的。FlockBlog（博客平台）建议远程团队"用基于结果的绩效分析目标取代有缺陷的'工作时间'生产力衡量模型"。团队不应花时间跟踪时间，而应专注于跟踪他们是否在实现目标方面取得进展。

跟踪 KR 可以轻松验证工作是否在没有微观管理的情况下完成，从而在领导和员工之间建立真正的信任。

Atlassian（澳大利亚一家企业软件公司）的工程经理布雷特·赫夫表示，激励远程员工的最佳方式是为他们提供所需的所有信息，以便他们就如何最好地利用时间做出自己的决定。理想情况下，OKR 就是这样做的。因为 OKR 是一项集体承诺，所以每个人都已经就公司的优先事项达成了一致，或者至少已经就这些事项进行了讨论。

赫夫说："如果你能让人们有内在的动力，你就不必太担心问责制。"

20.3.3 平衡评论和对话的内置节奏

OKR 可以帮助远程团队建立一个节奏，以检查他们的首要任务和团队绩效。通常，OKR 每季度进行一次评级。但是可以调整系统以适应组织的需求。如有必要，团队可以使用月度审查节奏。

在播客 Recode Decode 的最近一集中，投资者兼作家蒂姆·费里斯说："我做出了很多快速的好决定，但没有做出好的仓促决定。"

OKR 可以实现快速决策，同时可以作为预防仓促决策的疫苗。它们应该快速、轻巧、灵活且持续不断地敲击着每一次对话。现在是暂停、反思和提出正确问题的时候了。

关键是 OKR 应该定期审查，并且可以根据团队不断变化的需求和优先级进行调整。这允许远程团队就哪些工作正常、哪些需要改进以及哪些可以删除进行频繁的对话。这个过程应该使最好的想法更有可能获胜，而不仅仅是最响亮的。由于 OKR 以结果为中心，因此它们倾向于在不同的个人工作风格之间起到平衡器的作用。转向远程工作是一个很好的机会，可以找到让公司中的内向者和外向者充分参与的方法。

20.4 OKR 如何推动创新

当前新西兰足球运动员蒂姆·布朗和生物技术工程师乔伊·兹维林格于 2016 年 3 月创立 Allbirds 公司时，他们在鞋类业务方面的经验为零。然而在三年之内，他们就卖出了 100 万双鞋，估值达到了 10 亿美元。

创始人将这种出人意料的成功归因于设定超越典型收入和利润目标的明确目标，以及雇用具有不同背景的人——工程师和科学家、设计师和程序员、营销人员和财务专业人士——他们对可持续发展有着共同的兴趣，这是公司使命的核心。或者正如布朗所说："我们开始以更好的方式制作更好的东西。"

早期，该公司采用 OKR 管理体系作为建立创新文化的一种方式，以服务于其大胆的可持续发展目标。"他们希望使用 OKR 来建立文化的愿望非常强烈，"约翰·杜尔说，"它使 Allbirds 不仅仅是一家鞋业公司，而是一家环保公司。"

Allbirds 碰巧将他们的系统称为 KIWI（新西兰的特产猕猴桃），以持续改进，这是布朗对新西兰传统的致敬。"我们称它们为 KIWI，但它们是 OKR。"兹维林格指出。

例如，一个顶级目标涉及对客户的承诺。这意味着无论何时你从 Allbirds 购买任何东西，它都是对地球 100% 碳排放中性的。支持该目标的主要结果涉及跟踪各个方面的排放目标——从供应链到制造再到运输到零售运营。

（1）产品创新的 OKR

也许创始人用 OKR 测试的最具挑战性的任务是产品创新。对于任何公司来说，创新的过程是出了名的难以预测、控制和衡量。由于强制要求创造力如此困难，许多商业领袖将创新归因于机缘巧合，或者他们希望获得创新而不是在内部建立。

Allbirds 需要消除这种创新悖论——如果你试图控制它，你可能会杀死它。"我的信念是，如果你被限制在一个流程中，你就无法发挥创造力，也无法跳出框框。"兹维林格说。

但也许过程本身就是问题所在。兹维林格对流程设计充满热情，他在手机上留下了经典管理大师爱德华兹·戴明的一句话："如果你不能将你正在做的事情描述为一个流程，你就不知道你正在做什么。"对他来说，管理创新的核心涉及"阶段性控制"的过程，即在从概念到最终生产的特定阶段，给予新的想法、项目和材料以前进的动力。"我们创建了一个创新流程，它有阶段性，然后有围绕它的 OKR，确保我们通过特定的阶段推动一定数量的产品。"他说。

这种阶段性控制背后的理论是，公司为一定数量的项目提供资金，以实现每年或每两年推出一项重大创新的目标。"我们知道我们需要准备一些东西来实现这一目标，他们需要达到我们需要为此坚持的标准。因此，我们可以创建一个 KIWI，以符合该创新过程并确保我们处于正确的位置。"

（2）重新发明人字拖

在 Allbirds，产品创新包括在材料科学领域的发现。尽管 Allbirds 的运动鞋采用天然美利奴羊毛（新西兰的标志性出口产品之一）制成，但其他公司大多数鞋子都是由石油副产品制成的。因此，鞋类和时尚行业每年向大气排放的碳约占全球碳影响总量的 8%。

由于 Allbirds 认为这种污染是不可接受的，因此创始人在 2016 年开始为新的人字拖系列寻找替代材料，新西兰人称之为"詹达尔"。

"我们开始寻找更好的方法来制作它，这真的很难。"布朗说，"这不是关于更多的技术，而是关于回归自然并寻找更可持续的材料。"该项目通过阶段性推进不同的材料和想法，但在可持续性、经济性以及大规模制造的实用性方面存在障碍。

最终获胜的材料是巴西甘蔗，它生长迅速，仅依靠雨水，并且从大气中吸收碳。"它是可再生的、资源丰富的，并且可以产生可持续的鞋底。"布朗说。由此产生的材料被称为甜泡泡，也以一种提供"弹性舒适"的方式贴合人们的脚。

2018 年夏天，Allbirds 推出了 Sugar Zeffers 系列人字拖，每双零售价为 35 美元。与大多数由乙烯 – 醋酸乙烯酯制成的人字拖不同，该类人字拖在产品生命周期的每个阶段都是环保的。

（3）没有围墙或障碍的文化

Allbirds 的创新还包括在其位于旧金山历史悠久的电报山社区的总部培养正确的文化。走进去，你可能会注意到的第一件事是，其 150 名员工（另外 100 多人在其零售店工作）的空间内没有隔断或隔间。

"我喜欢 Allbirds 没有围墙，"资深文案撰稿人瑞安·奥维希瑟说，"从本质上讲，它是完全开放的办公室，从比喻上讲，没有等级制度。如果我有什么想法并且我想由蒂姆和乔伊来运行它，那么我就有这个机会。我不必在蛋壳上行走。"

为了让每个人都朝着同一个顶级 KIWI 努力，产品设计团队和开发团队与可持续发展团队密切合作。正如工程师温斯顿·金所说："我们的团队很好，很舒适，就像我们的鞋子一样。"办公室的一个角落里，设计师们聚集在窗户和植物旁。"我们有品牌设计师、数字设计师和零售设计师。"初级设计师阿曼达·纳普说，"我们都在做自己的工作，但我们喜欢互相提供最新消息，这样我们就可以了解其他人的观点。"

20.5 OKR 如何帮助多元化和包容性

OKR 可以帮助你朝着任何想要达到的理想状态努力，我们强烈建议大家在目标设定过程中加入多样性、公平和包容性问题。

在 OKR 开发过程中注意这一点很重要。有时，在周期性 OKR 流程中，可能会出现紧迫性，可能会导致我们考虑不同观点的空间减少。

平权停顿

这就是为什么我们喜欢平权停顿的概念。我们从创意反应实验室了解到它，它是由 228 加速器开发的，作为"平等遇到设计"框架的一部分。

在你的 OKR 设置过程中，暂停一下。问问自己，你是否在为每个人的声音留出空间，或者你的方向和目标是否具有排他性，或者是否使某个群体或对另一个群体的主导地位或无意识偏见永久化。

以下是你在暂停期间应该问自己和你的团队的一些特定于 OKR 的问题：

- 你是否听取了所有利益相关者的意见？有没有遗忘谁？
- 你是否以某种方式起草了目标或关键结果，以加强你需要改变的文化中的某些内容？
- 你怎么添加一个关键结果或调整你的目标，不仅要避免这种行为，而且要纠正它？
- 你在做正确的事吗？这对所有人都有好处吗？

让我们花点时间来挑战我们的假设，留出空间和时间来倾听所有的声音，并推动我们的组织走向公正和公平。

20.6 OKR 如何帮助销售团队

销售团队是企业的引擎。它带来收入，通常是公司与其客户之间的主要联系，也是负责公司成长的主要团队之一。

OKR 目标设定系统可以吸引优秀的销售团队并使他们变得出色。OKR 激励整个部门朝着相同的优先事项努力，同时仍为个人创造力留出空间。一个团队就他们想要实现的目标达成一致，个别员工通过为每个目标分配一组关键结果来决定他们将如何工作以实现他们的目标。战略性制定的 OKR 可以建立一个高效和快乐的销售团队。

一个有效的销售团队帮助新老客户确定他们的需求和愿望。然后，让他们尽可能轻松地购买满足这些需求的产品或服务。这是通过紧密的销售渠道和强大且有支持性的销售文化来实现的。

根据《哈佛商业评论》对 700 多名销售经理和销售人员的调查，50% 的高绩效销售组织报告称其销售流程受到密切监控和执行。他们也不怕通过积极提高年度销售目标来推动自己。OKR 为销售团队提供了结构和同时扩展目标的方法。

在考虑销售目标时，应该很好地结合输入和输出目标。输入目标包括销售部门可以控制的任务和活动，例如他们拨打的电话数量、记录他们的销售流程或实施新的客户关系管理系统。最终，输入目标需要转化为输出结果，例如实际完成的销售数量和产生的收入。

随着销售环境年复一年地不断变化，OKR 是尝试假设或跟踪新工具是否真正有用的工具。你可以起草 OKR，帮助跟踪针对不断增长的年轻消费者的新策略。它们可用于构建全渠道体验，让潜在客户可以轻松地在包括社交媒体在内的各种平台上进行购买。OKR 提供了一个简单的框架，可以根据你的销售部门的需求进行定制。

以下是一些销售 OKR 的模板：

O	成为该地区领先的会计软件销售商
KR1	占该地区会计软件销售额的 55%（输出）
KR2	完成销售后一个月的客户跟进（输入）
KR3	上个季度的客户保留率提高了 40%（输出）
KR4	每月产生 200 个潜在客户（输入）

销售不仅仅是一场数字游戏。它还涉及建立、维护与客户的关系，即使他们的需求发生变化。你总是可以采取一些措施来改进你的销售部门，使他们更有生产力，更高效，并能适应任何行业的变化。OKR 系统提供了一个框架，可以让你的销售团队保持最佳状态。无论你是使用自上而下的 OKR 来调整你的团队，还是需要通过自下而上的 OKR 激发创新，总有一种方法可以通过正确的目标和关键结果从你的团队中获得更多收益。

20.7 OKR 与 KPI 各自的优势

每 10 个人中起码会有 15 次问到 OKR 与 KPI 的异同。毕竟它们听上去有重合之处，那么怎样来看这个问题呢？

有这个疑问是很自然的，OKR 是个才诞生十来年的新生事物，在国内大规模推广还不到 5 年，它还是个不断生长的少年，也许有一天它会变成巨人。但是目前，我们只能根据它少年的样子描绘它与 KPI 的不同。毕竟，并没有什么条款规定 OKR 或 KPI 是什么，以下为布雷特·诺尔斯在《权威指南》中总结的双方优劣势。

（1）OKR 相对于 KPI 的优势

① OKR 更有目的性，有人戏称 OKR 是"有灵魂的 KPI"；

② OKR 里面的关键成果一般与战略目标明确挂钩；而 KPI 链接到流程（系统），但该系统可能具有战略重要性，也可能不具有战略重要性；

③ OKR 每个季度都会刷新，因此为处于变幻莫测的时代的组织，提供了更多的灵活性；而 KPI 通常与年度规划流程相关联，在财年中间如需调整相对困难；

④ OKR 可以在目标内使用多个 KR 来描述工作的跨职能性质，对于横跨多个部门的战略目标很合适；而 KPI 一般将此类指标分解到各个部门，如果不是有经验的管理者或者流程专家，很难看到跨部门的全貌；

⑤ OKR 包括项目关键成果，很适合以项目为主要运营细胞的组织（这也是互联网公司如此热爱 OKR 的原因之一）；而 KPI 比较善于捕捉常规职责和产出，对于项目性的关键结果不一定合适；

⑥ 在 OKR 系统里，随着战略的发展，目标会随着时间而改变；而 KPI 会随着时间而保持相对恒定不变；

⑦ OKR 旨在聚焦我们的注意力和活动；而 KPI 旨在涵盖组织的所有方面，无论其重要性如何；

⑧ OKR 透明度较强，为所有人提供查看所有目标、关键结果和绩效的能力；KPI 通常部署在访问有限的特定区域仪表板中；

⑨ OKR 易于理解，整个组织均有共同的报告布局；KPI 体系相对

比较复杂，只有流程专家才能理解和解读绩效。

（2）KPI 相对于 OKR 的优势

任何优势都是相对的，OKR 相对于 KPI 也有不足：

① OKR 明确不包括薪酬。OKR 体系的设计不是为了解决估值或校准问题；而 KPI 体系涵盖广泛，与估值、导航、薪酬、校准、沟通和监管等领域紧密连接；

② OKR 指标是"结果"，因此很多是滞后的；KPI 包括领先和滞后指标。

这些优劣势，随着 OKR 的成长，都有可能更新变化。OKR 这个工具进入中国以后，也可能会产生更加适合这方水土的演变，或许几年后会看到更加强大的优势。

第二十一章

如何打造 OKR 文化

21.1 成功的 OKR 文化的基础是什么

"OKR 不是万能的灵丹妙药。"约翰·杜尔在《衡量至关重要者》中写道，它们无法取代合理的判断力、强大的领导力或创造性的工作场所文化。"但如果这些基本要素到位，OKR 可以引导你登上山顶。"

杜尔于 1970 年代在安迪·葛洛夫的指导下在英特尔实习时了解了目标和关键结果目标设定框架。从那时起，他一直是这个简单而强大的工具的最大传播者。杜尔已经向包括谷歌和亚马逊在内的一些世界上最具创新性的公司引入了 OKR。

这些公司通过利用 OKR 提供的超能力取得了巨大的成功：专注、一致、承诺以及目标的跟踪和延伸。但重要的是，要认识到 OKR 不能在一夜之间改变经营不善的公司。它们不是魔法，它们需要强大、开放和创造性的文化才能扎根。

本章将提供一些指导方针，指导大家如何建立成功的公司文化，使 OKR 能够蓬勃发展。

（1）将思维与目标和创新相结合

OKR 并不意味着涵盖公司的所有工作。它们并非旨在跟踪一切日常照旧的活动。根据杜尔的说法，它们应该跟踪"值得特别关注"的目标——让你更接近实现公司更高使命的工作。

《文化之星》编辑马克斯·拉默斯在一篇关于高绩效文化的文章中写道："设置 OKR 的全部原因是创造目标，协调一致并专注于实现真正推动业务在各个层面向前发展的目标。"

围绕目标的思考和讨论应该以任务为导向，而不是被充满平凡任务的待办事项清单所困扰。OKR 需要涵盖你关心的主题。

例如，谷歌改变了世界并取得了卓越的业绩，因为它始终围绕其使命为目标：组织世界信息。

（2）克服对失败的恐惧

OKR 的最大好处之一是可以帮助公司实现最积极的挑战性的目标。但在你能取得伟大的成就之前，必须接受失败的可能性。对失败的恐惧会导致员工故意低设目标以确保表面上的成功。或者更糟糕的是，他们可能会感到有压力，于是用说谎来夸大他们的进步。

对于一家公司来说，让他们的团队和员工在冒险时感到自在，并在他们做不到的时候保持诚实是至关重要的。这就是为什么我们建议将 OKR 与个人绩效评估和薪酬分开。员工永远不应该觉得他们会因为目标远大而受到惩罚。

（3）为有意义的对话腾出空间

拉默斯写道："当公司在谈话中以 OKR 为中心时会发生什么？重点转移到互相帮助以实现每个人的使命，而不是为不想要或不明确的目标找借口。"

杜尔建议将 OKR 与 CFR 系统结合起来。

CFR 鼓励员工和经理之间进行定期、诚实的双向对话。这些互动应侧重于进展和未来的改进。认可各种规模的成功也很重要。在实践中，它们看起来像是每月的一对一会议、每周签到或每天在 Slack 上喊一声。你要选择最适合自己公司的方法。

理想情况下，CFR 会提高员工的敬业度，并将聪明的声音和想法带到最前沿。

21.2 如何用 OKR 说"不"

"一些精心挑选的目标,"前英特尔首席执行官安迪·葛洛夫在他的《高产出管理》一书中写道,"传达了我们对什么说'是'和我们对什么说'不'的明确信息。"葛洛夫的学生和著名的风险投资家约翰·杜尔将这种洞察力称为"专注"。

高效的组织利用专注的超能力来确定战略优先级。这一切都始于承认没有任何一个部门可以做到这一切。在你的组织范围内,这里只有这么多员工、投资和工作时间。专注是确保你将所有资源用于能够产生最大影响的工作(不仅仅是"最安全"的工作)的纪律。

说"是的"很容易。当你不得不对一个过于热心的老板说"不"或与旧的思维方式背道而驰时,挑战就来了。幸运的是,OKR 提供了一个公平、透明的框架,可以基于已经达成一致的集体承诺来拒绝。如果它不符合公司的目标,那就是"不"——不需要额外的解释。

说"不"的自由对于任何高绩效团队来说都是必不可少的。这里有一些组织已经了解到提高效率的关键就是在必要时说"不"。

案例一 Remind 的例子

知道何时说"不"并不总是像密涅瓦那样清楚。通常,它看起来有悖常理。在《衡量至关重要者》一书中有个 Remind 公司的故事。Remind 是一个通信平台,允许教师以安全的方式向学生和家长发送移动消息。它由布雷特和大卫·科普夫兄弟于 2011 年创立。

在过去两年中,他们的应用程序在返校季期间在 iOS(苹果公司开发的移动操作系统)和安卓应用程序商店排行榜中均排名第一。但是排名第一需要同时关注质量和参与度。

多年来，教师们提出要求最多的功能是能够定期发送一条重复的消息。但通过讨论，全公司的 OKR 是开始改善与学生和家长的互动。因此，整个提醒团队很清楚，他们无法在该周期内投入工程时间或资源来投资构建老师们要求最多的那项功能。

"当我们的回答是'不'的时候，我们决定搁置这项功能——对于一个以教师为中心的组织，这是一个艰难的决定。"布雷特·科普夫写道，"如果没有我们新的目标设定纪律和重点，我们可能无法站稳脚跟。"

OKR 是防止根深蒂固的习惯和偏见。但它们也是澄清角色的有用工具，甚至提供一个明确的框架来有效地抵制领导力。

案例二　23 and Me 的故事

23 and Me 是一家基因检测公司，其联合创始人兼首席执行官安妮·沃西基表示，OKR 甚至可以帮助她的团队控制她。作为首席执行官，她希望尽可能多地支持她的团队，甚至曾经提出要亲力亲为学习如何编码，但团队很明确地拒绝了。

OKR 使得她的团队向她保证，当时她能为他们做的最好的事情，就是通过集中精力招聘来填补公司的人事空白。

在接受采访时，沃西基说有 OKR 比没有 OKR 时说"不"要容易得多。"因此，对于决策制定，尤其是在团队层面的决策制定，人们可以对碰到的一个机会说'不'，我们不会为此而努力，因为它不是我的 OKR 的一部分。"沃西基说，"我们听到了，它已经成为我们这座办公楼语言的一部分。"

21.3 沙袋现象：故意压低承诺并超额交付

"沙袋"的意思是故意压低承诺并超额交付。这是无数组织和团队的坏习惯。尽管在推动增长和股东价值方面面临着巨大的压力，沙袋现象依然存在。它表现在产品开发乏力和客户服务欠佳，它会转化成表现不佳的团队和不知所措的客户。

这样的事比比皆是。当软件发布生命周期只提供桌面特性而不是真正的竞争差异时，"沙袋"就是罪魁祸首。当市场由众多供应商之间几乎没有区别的产品所定义时，就会出现"沙袋"。当员工建立的个人目标与高层管理人员的上市战略相去甚远时，他们可能是在自欺欺人。简而言之，"沙袋"一直普遍存在。

这是人类植根于生存本能——尽可能少地完成一项任务。当生存是目标时，努力的效率是必要的和实际的。但正是生存本能（由于害怕后果而倾向于低目标），导致了"沙袋"或承诺不足。

目标高远并超额交付

目标设定和"沙袋"之间的关系很紧张。目标可以为"沙袋"打开大门，即使它们的目的正好相反。将奖金与目标挂钩的做法就是一个例子。如 SMART 目标设定框架，其中"A"代表"可实现"。SMART 目标因其衡量和支持整体业务目标的能力而被普遍接受。可实现的目标也是"衡量重要事项"中 OKR 框架的一部分。它们类似于约翰·杜尔所说的承诺型目标。

承诺的目标通常与销售和收入目标等指标相关联。它们是必须在 OKR 周期内完全实现的目标。承诺的目标是必不可少的，因为它们有助于衡量实现更高级别理想目标的进展。承诺的目标仍然需要代表结果的一些变化，例如业务增长，而不是一切照常。

另一方面，过于理想化的目标涉及更高的风险并且更具挑战性。它们可以来自任何地方，通常需要全公司范围的动员才能实现。当在 OKR 框架内建立理想目标时，鼓励过度承诺而不会受到惩罚。设置更高的标准可以激发并推动新的思维。理想目标的失败率更高。

在《造车人与财务人》中，通用汽车前副总裁鲍勃·卢茨说明了公司如何通过狭隘地关注可实现的目标而忽略了核心的理想目标——制造人们想要驾驶的伟大汽车。

这些目标范围很广，从"增加市场份额""减少每辆车的组装时间""加快上市时间"到"实现多样性目标""减少高级管理人员数量"。在这些宏伟的目标中间的某个地方写着"实现卓越的产品"。"产品卓越"只是公司应该努力的 25（或 36）件事之一。

当你将目标限制在增量的、不起眼的或仅可实现的目标上，然后采取额外的步骤将绩效评估和薪酬联系起来时，就会创造一种环境，奖励员工的压低承诺和"沙袋"现象。带领这家陷入困境的汽车公司扭亏为盈的卢茨对此很熟悉。

他说："一位车辆生产线主管在'一对一'时间来看我，并带来了他的记分卡。他确保我明白他已经达到或击败了每一个目标。'卖得怎么样？'我问。'嗯，真的没那么好。关于它的新闻很糟糕，公众没有热情。但我不能为此负责。我得到了我的数字目标，每个人都签了名，如果我全部实现了，那就是成功！'"

正如约翰·杜尔指出的那样，当目标与薪酬挂钩时，员工开始防守并停止努力。简而言之，这就是"沙袋"。当团队认为可以不改变他们目前正在做的任何事情就可以实现的 OKR 目标时，就会存在陷入困境和承诺不足的风险。

目标是有一定高度的并且可能无法实现的，这一点至关重要。只有这样，团队才能提供有竞争力的产品和卓越的客户服务。

OKR 的目的是推动卓越的增长。OKR 可以帮助你扩展，如果它们是有难度的，可能会过度交付。从本质上讲，它们必须令人不舒服并且可能无法实现。当员工承诺不足和表现不佳时，当产品发布未能激发客户购买欲或没什么与众不同时，问题往往在于一开始设定目标的方式。

共享的目标导致客观的目标

理想的目标是指导团队努力的标杆。它们也是应对表现不佳的绝佳工具。当员工行为破坏理想目标时，OKR 和 CFR 阐明了重新调整的路径。专注于产品卓越的工程团队可以朝着竞争差异化的共同目标努力：

O	在我们主要市场的考虑范围内获得产品优势
KR1	将一项独特的技术功能推向市场，使我们在顶级客户群中的保留率翻倍（即简化管理、降低中央处理器利用率、提高安全性、简化集成）
KR2	位于高德纳魔力象限挑战者部分曲线的前 1 / 3

这有助于领导者和团队为实现高层次的理想目标而努力。它有助于标记与创造真正的竞争差异化目标不一致的努力。当团队的努力与每个人都同意的理想目标保持一致时，朝着该目标取得的任何进展都是一种净改进。

21.4 OKR 实施中途突遇首要任务转变

客户常见问题:

假设我们为特定季度设置了 OKR,并明确同意因各种原因 × 项目不作为优先事项。然而,在本季度开始的 3 或 4 周后,事实证明我们误解了限制条件,并且情况发生了变化,因此 × 项目确实应该成为我们的首要任务。我们如何通过 OKR 系统处理这种突然的优先级变化,而不是将我们季度的 OKR 扔向窗外(并冒着完全放弃 OKR 系统的风险)?

怎样面对这样的问题?这位客户的担忧是绝对有理由的,也是我们经常听到的。在过去的一年里,大家都与"变化女神"成了真正的好朋友。团队顺其自然并愿意适应,这很好!

优先级的突然变化绝对需要重新审视自己的 OKR。毕竟,OKR 是首要任务,因此两者应该自然而然地一起成长和转变。请记住,OKR 是可修改和可修正的,它们应该代表你当时希望在公司中看到的增长和变化。如果事情发生了变化,或者自己想清楚现实目标应该是什么,请随时将这些 OKR 删除并编写一些新的 OKR。

但是,"不要将婴儿与洗澡水一起倒掉"。虽然对 OKR 进行彻底改革肯定是一种选择,但没有必要完全从头开始。如果担心失去业务、公司士气低落,或者只是不想重新完成整个流程,也许有一种方法可以简单地重新编写 OKR,以更好地反映大家对优先事项的新理解。

根据上述客户的情况,考虑添加额外的 OKR 或从感觉优先级较低的目标中删除一两个 KR。建议就此咨询自己的团队,他们会非常了解进步的真正障碍。

当领导者经常改变优先事项时，员工会很容易对 OKR 感到沮丧。这就是为什么重大的变化要伴随着开放和诚实的团队对话很重要。你们的大方向仍然保持一致吗？新的 OKR 如何与之相关联？如果你的"北极星"发生了变化，那么这个变化是永久性的吗？公司的某个部门目前是否需要更多支持？其他团队如何使用 OKR 应对这一挑战？由于新的 OKR，团队是否需要权衡利弊？与往常一样，我们建议充分利用 CFR 与你的团队联系，以确保每个人都在同一步调上。

Upside（美国一个商旅服务平台）、SciNote（一款在线实验室笔记本）和 Light For The World（国际残疾与发展组织）等公司都成功地利用 OKR 进行了相当大的转变，并因此变得更加强大。事情会发生变化，OKR 也可以提供帮助。

21.5 截止日期本身是好的目标吗

客户常见问题：

我最近接手了一个大约 100 人的半导体开发团队，正在尝试实施我们的第一组 OKR。最近，由于管理层和客户的抱怨，我们发现自己面临着项目耗时太长的问题。

我们设定了减少项目开发时间的目标，现在我想将其转化为 OKR。这作为一个目标来说如何？

我们的目标是在 24 个月内完成项目。我对这个目标（少于 2 年）是否真的是一个很好的目标，或者它作为一个关键结果是否会更好地发挥作用有一些疑问。对我来说，它看起来非常可衡量并且"像工程一样"。

对于这种情况该如何处理？截止日期是好的目标吗？

这个案例的问题是无数团队曾面临的问题：客户和管理层认为项目耗时太长。当然，最明显的解决方案是更快地完成项目。然而，以最后期限为目标，实际上是在告诉团队，他们的主要目标、他们的目的以及你们都在那里的原因是"工作得更快"。记住，你的目标应该是一个深刻的个人和鼓舞人心的目标陈述。如果你愿意的话，也可以是一个团结的口号。将任意日期作为你的目标只会在非常有限的程度上激励你的团队。让我们深入挖掘一下。

你能找出在接下来的 90 天内可以专注于改进的问题吗？造成这种生产力滞后的障碍是什么？也许你的审批流程有太多层次，也许你的团队成员需要更好的托儿支持或缺乏足够的远程工作设置。你对假设的了解越清晰，你的 OKR 就越有效。

另一个问题是：你所有的项目都花太长时间了吗？我们知道，并非所有项目都是平等的，有些需要更多的生产时间，有些需要更多的设计。全面减少开发时间是否对所有部门都有帮助或者是有必要的？更重要的是，你的团队能否在这个新的、缩短的时间范围内实际交付相同质量的产品？管理层可能需要更频繁地更新团队的进度或深入了解可以"快速跟踪"的内容。

亨利·福特曾说过一句著名的话："如果我问人们他们想要什么，他们会说更快的马。"他能够考虑客户的需求（更快的马匹），以确定他们需要什么（更好的出行方式）。当你找到团队"更好的出行方式"时，你就找到了目标。

21.6 OKR 结束微观管理

作为领导，如果你发现难以放权，OKR 可以提供帮助。

一个普遍反对意见是，"我需要知道发生了什么，这样我才不会完全迷失"。一些领导者将详细的指导视为个人对组织承诺的体现，但正如约翰·杜尔所说，"微观管理往往是管理不善"。领导者不能也不会什么工作都做。

OKR 鼓励公开和频繁地交流最重要的进展。如果使用得当，它们有助于在团队与其领导者之间建立信任。

如何用 OKR 成功放权？

（1）不要先入为主规定 OKR

"过度管理"不仅会影响正在生产的工作的质量，还会损害团队接受 OKR 的方式。当控制型领导者在将 OKR 传递给他们的团队时过于规范，就没有为个人贡献者的输入留下足够的呼吸空间。

Fictive Kin 的创始人兼 Lager 的联合创始人卡梅伦·科克松将创建待办事项清单 OKR 的"命令和控制"领导者称为"OKR 的邪恶弱点"。当团队有空间弄清楚他们将如何实现目标时，他们的表现会更好。经理的工作是设定指导而不是规定行动的目标。

（2）将关键结果与工作计划区分开

OKR 不是待办事项清单。OKR 是你的团队在该周期中关注的前 3 ~ 5 个优先事项。你定义的关键结果可以帮助你衡量是否在重要的措施上取得进展。

（3）OKR 会议用于跟踪进度而不是具体活动

我们建议你通过快速的 OKR 签到来开始你的团队会议，使用这些来促进无判断的问责制。如果有人陷入了罗列具体活动的陷阱，请重新引导他们讨论进展。如果进展没有达到你的预期，请制定计划以使 KR 重回正轨，然后迅速转移到下一个 OKR。

（4）经常报告进展

不要等到周期结束才报告进展。在工作和生活中，事情很少会完美地按计划进行。OKR 是一种早期检测系统，应该为你的日常行动提供信息。它们会立即告诉你需要将注意力集中在哪里，这样你就有最大的机会实现目标。

（5）付诸实践

领导者想要结果。但从长远来看，加强对团队的控制很少奏效，而且不能大规模复制。可以考虑使用 OKR 来助力。

OKR 不是一直试图跟踪所有事情，这是压倒性的和低效的，而是让你专注于领导：提供方向和航点。OKR 可以作为预警信号，提示哪些地方需要更多关注，哪些关键结果需要磨炼。

管理者知道他们团队的目标是透明且清晰的，这让他们高枕无忧。每周一次的团队签到和一对一会议中的更深入的介入能帮助他们放手。

21.7 为什么我们不每周给 OKR 评分

（1）常见的 OKR 回顾问题和标准

每周一对一对话是鼓励更深入对话、征求反馈和提供认可的绝佳空间。我们喜欢将一对一对话称为 CFR。这些对话不仅仅是典型的状态报告。

常见的 CFR 问题包括：你的 OKR 进展如何？是否有任何阻碍因素阻止你实现目标？根据不断变化的优先级，哪些 OKR 需要修改（或附加或删除）？

当这些问题在对 OKR 评分之前很早就被提出和回答时，我们会被告知我们是否正在采取正确的行动，或者我们是否需要改进它们。

这种"使其重回正轨的行动"就是审查的全部内容，也是与 OKR 评分的根本区别。虽然 CFR 至少每周都有最好，但在每个 OKR 周期内，讨论 OKR 的正式会议应该定期（即每季度）举行。

在坦诚的谈话中，我们不加判断地审查 OKR，团队不用担心受到惩罚。用这种方式改变团队，因为它强调成功的真正要素：培养技能和帮助人们交付。做好 OKR 是对最重要的事情的集体承诺。

团队在审查遇到危险甚至目标或关键结果濒临灭绝时，重点是如何相互支持向前推进，而不是如何满足 OKR。跟踪本身是次要的，开放的、持续的、有意义的对话会让团队在这个周期中适应，在下一个周期中表现得更好。你希望鼓励团队共享，尤其是在未实现目标的情况下。评论越是关注团队学习而不是个人表现，团队就会越早开始朝着大胆的目标努力。

（2）进行评分会刺激新的 OKR

另一方面，对 OKR 进行评分是关于判断特定目标表现的对话，与面向对话的评论不同，对 OKR 进行评分是一个二元过程：目标是否实现。

这种方法提供了目标的交付或未交付的简明、经验证明。如果团队一直在定期审查 OKR，则评分过程会很快且不会出现意外。因为对 OKR 进行评级的主要目的是为下一个 OKR 周期制定新的 OKR 提供动力。

在快速对 OKR 评分后，是时候进行反思了。重要的问题包括：如果我们实现了目标，是什么增加了我们的成功？如果我们没有做到，我们遇到了哪些障碍？如果我们要重写目标，我们会改变什么内容？

整个过程可以与你的团队在白板前或使用 OKR 软件完成。

这些问题为下一个周期设置 OKR 奠定了基础，可以扼杀沙袋现象并鼓励更多的雄心。

21.8 如何获得团队的支持来做 OKR

客户常见问题：

我的团队最近决定实施 OKR。有几个人很高兴有一个具体的、简单易用的方法。同时，他们害怕 OKR 会议和报告可能带来的额外工作负担。你是否有任何关于如何整合或引入 OKR 的提示，以便员工不会觉得这将增加很多额外的工作呢？

这是一个很好的问题，也是我们经常被问到的问题。我们完全理解有些人对启动 OKR 的犹豫——尝试新事物很难！不过不要害怕，因为我在这里有一些想法可以帮助你缓解这类担忧。

首先，让他们知道 OKR 如果做得好，其设计本意旨在让他们的生活更轻松。听说过"更聪明地工作，而不是更努力地工作"这句话吗？一个有效使用 OKR 的团队是高效能和专注的。我们常常在不重要的事情上花费太多时间，而以牺牲更重要的事情为代价。OKR 的目标不是给你的团队增加额外的事情，它只是一种使你需要完成的工作变得更加清晰的方法。换句话说，OKR 不是额外的工作，而是工作本身。

你是如何向你的团队介绍 OKR 的？你设定了正确的基调吗？重要的是，他们知道 OKR 不仅仅是高层人员强加给他们的一项旨在让公司赚更多钱的任务。它们是一组工具，可以使每个人都能做出最佳选择以实现大局目标。从上到下，OKR 帮助组织作为一个团队工作而且权力归于团队。

另外，你的团队是否有适当的支持来尽其所能执行 OKR？每个人都完全了解 OKR 以及你们公司决定使用它们的原因吗？提前做一点教育工作很有帮助。

随着时间的推移，它确实会变得更容易。你的团队第一次编写 OKR 时，他们可能很想把头发揪光。但是，通过一点点练习和适当的指导，很快就会变成精益求精的 OKR 机器。设置 OKR 教练，从头到尾指导团队完成整个过程，并且能够回答可能出现的任何问题。这个人可以是你或者团队成员。

21.9 如何鼓励领导采用和使用 OKR

21.9.1 如果你的高级领导层没有参与到这个过程中，你能实施 OKR 吗

这很难，但并非不可能。无论你的职位是什么，或者你从事什么样的工作：媒体、政府、医疗保健等，你都不需要为自己或团队申请使用 OKR 的许可。领导力可以发生在组织的任何地方。这一切都始于这样一个问题：我的号召力是什么？

案例分享：某医疗网站

在 2013 年 10 月某医疗网站陷入危机时，他们的团队迅速设定了目标：确保尽可能多的人可以参加医疗保险。

3 周后，大家对保存还是废弃网站仍然有争议。该团队知道当下专注于正确的目标是他们扭转局面的最佳机会。他们一起提出了一个简单的目标：为绝大多数用户修复该网站。

他们从未请求过使用 OKR 的许可，也从未对同事、承包商或其他政府人员使用 OKR 这个词。但他们确实为成功设定了明确的关键数据：

- 确保 10 人中有 8 人能够使用该网站进行申请（从 3 人增加到 8 人）

- 将响应时间减少到 250 毫秒以内

- 获得 0.1% 以下的错误率

- 将站点正常运行时间从 42% 提高到 99%

起初，他们衡量进度所需的数据并不容易获得，但他们构建的工具为他们提供了有关真正进展情况的重要见解。"每一个决定和修复的每一个错误都必须让更多的人得到医疗保健，"负责人说，"这是一种专注于最重要的事情的绝佳方式。"

虽然没有人称它们为 OKR，但这确实是用它们来构建讨论并确定工作的优先级。

21.9.2 有什么方法可以让不情愿的领导相信 OKR 适合你的公司

这种情况，建议将 OKR 与你的领导热衷的事情联系起来。无论是质量、参与度、满意度等，你都可以通过 OKR 来加强它。为了稍微拓宽它，总体上做一些"教育"工作。尽管 OKR 非常流行，但我们不能假设所有高管都知道并理解它。并不是每个人都知道 OKR，为他们提供最好的学习工具非常重要。

如何让不情愿的领导变得情愿，也取决于领导的主要驱动因素。有些领导纯粹是注重结果，有些则更多的是为了了解外部类似的领导者或组织正在做什么。尽可能分享与个人领导和个案相关的内容来引起他的重视。例如，转型已成为更大的驱动力。

让不情愿的领导变得情愿，可能很棘手，但哪个领导不希望有更好的方式来调整和激励他们的团队实现目标呢？

21.9.3 一旦你的领导同意使用 OKR，你怎么知道他们真的致力于它

执行官（和其他人）通过使用 OKR 来表现承诺，从设置 OKR 到跟进、宣传都是使用。一个有趣的事实是：85% 的管理团队每个月讨论战略的时间不到一个小时。而推行 OKR 可以改变这一点。

我们通常会在最初的几次会议中看到领导层的支持。一旦我们为组织设定了年度和季度目标，他们就会真正看到变化并有一个喊"哇"的时刻。此外，一旦结果开始出现，我们就会看到他们真心认可。那种喊"哇"或"啊哈"的时刻真是太棒了！

很多采用 OKR 的公司都看到了这一点，它是完全变革性的。清楚、简单地陈述基本要素并透明地跟踪进度，可以将团队强有力地凝聚在一起。

21.9.4 如果你的领导或执行发起人离开公司，你如何确保你的 OKR 计划保持原状

这种情况下展示成功至关重要，我们建议将你的 OKR"品牌化"。例如"×× 公司绩效系统"，这通常表明它已经随着运营方式在公司的文化中根深蒂固。另外，要确保你拥有完善的关键角色，包括：作为常驻专家的 OKR 拥护者，以及整个公司内继续分享 OKR 成功经验的一组 OKR 大使。

理想情况下，你的 OKR 计划不应该因为职位变化而轻易取消。但如果发生这种情况，可以让一个已经充满热情并熟悉该计划的人作为执行发起人介入。

希望在这一点上，整个组织已经接受并希望继续执行该计划。如果你获得了整个组织的支持，这就不会成为问题。这很大程度上决定了整个计划的成功。当一家公司成功实施 OKR 时，它就会成为文化的一部分，

而不再依赖于单一的冠军或最高管理层团队。

　　一言以蔽之，我们相信领导力必须支持 OKR 才能让他们发挥作用。试点是一个很好的入门方式。我们建议首先专注于设置好的 OKR，并在组织深入推广之前将 CFR 放在正确的节奏上。在公司实施 OKR 需要耐心、韧性和灵活性。但是，通过正确的策略和正确的工具，你可以证明 OKR 可以为任何愿意尝试的公司增加难以置信的价值。

第二十二章

OKR 实施的真实故事

22.1 把 OKR 与战略思想结合

（1）以正确的指标为导向，以营销部门为试点，加速科学研究

对普通人来说，科学过程可能看起来很简单：提出一个问题、测试、得到答案。但是当涉及合作、资助和结果发表时，科学家必须能够检索任何可能需要的数据。在发表的科学结果中，使用的科学数据需要包含所有支持性的原始数据、注释、日期，以及实现和发表结果过程中的所有细节。

在接受权威杂志采访时，SciNote 的首席执行官克莱门·祖潘契奇回忆说，他在做自己的第一个项目时感到不堪重负。祖潘契奇说："我的主要信息来源是一位同事的纸质记录。我需要接上他的工作，但他的手写字体很难辨认。因此，理解他的数据和他组织文件的逻辑本身就很困难。"在意识到误解原始数据这一问题普遍存在后，祖潘契奇认为有必要创建 SciNote 公司。这是一个基于威斯康星州的开源电子实验室笔记本，用来帮助科学家管理他们的数据。

而且，现在需要收集的数据太多了。现如今，科学家们每周都会产生越来越多的数据，以指数形式增长，而纸张已经无法容纳所有的数据。

SciNote 公司知道实验室对数据的管理效率很低。于是祖潘契奇开始想办法帮助科学家不仅能够检索任何所需数据，还能将其与其他实验室的研究数据相互参照。

为了将研究人员从数据中解放出来，SciNote 公司希望成为实验室数字化转型中最值得信赖的品牌。为此，除了实质转型工作，SciNote 公司还需要扩大信任。这是一种文化的改变，是所有目标中最大的那一种，他们需要一个可靠的执行程序。

（2）一个全球合作工具

缇·帕夫莱克是一位训练有素的科学家，也是 SciNote 公司市场部副总裁。作为一个狂热的登山者，她经常制定大胆的目标，常把攀登高峰比喻为研究和生活。她在一次采访中说："如果你想达到山顶或某个山口，你需要内心深处的驱动力，一些你相信的东西来做到这一点，这就是你明确的目标。"

帕夫莱克知道同步合作对研究人员很有帮助，而且因为担心出现故障，科学研究往往在接受电子数据记录和收集方面进展缓慢。她读过约翰·杜尔的《衡量至关重要者》一书之后大受启发，并在 2019 年底在营销部门试行 OKR。

在几个月内，该团队发现，仅仅将网站的流量翻倍并不能说明关键问题，因为它不一定能提升内容的采用率。为什么呢？正如帕夫莱克所说，"质量远比数量重要。我们要更准确地定义'流量翻倍'，我们希望增加我们网站的新访客和跳转量，这是我们新的主要目标的关键结果之一"。于是，他们将目标重新规划为"一个高绩效的网站"。

"这个重定义现在看来很明显，但在当时其实很难。"她说。

当时正是新冠肺炎疫情的萌芽阶段。通过反思，帕夫莱克意识到，营销团队的目标设定不足以对抗这个历史时期或公司自身面对的挑战。

随着世界各地的实验室被迫改变运作方式，数字化和远程协作流程成为当务之急。第一个目标是为需要将工作过程数字化的科学家提供高质量的信息。帕夫莱克开始思考："我们如何服务正在寻找解决方案的人，提高我们网站的价值？"

由此，他们开始关注工作方式的转换，这反过来又改变了他们对内容的态度。正如帕夫莱克所解释的，"世界正在向数字化发展，对于许多实验室来说，这是一个需要解决的大变化。我们首先要知道数字化转型意味着什么，如何接近并实现它，以及实验室如何形成自己的战略、选择自己的软件"。

一些战略 OKR 的改进很简单，比如关键结果的修改，关注点从"投入"被改为"结果"。例如，SciNote 公司从关注创建"× 数量的网络研讨会"到创建"× 数量的网络研讨会导致相应数量的预期跟进"。

这种更精确的关注非常有用。SciNote 公司在第一季度末实现了预期，成功促使他们扩展目标，以便更好地满足研究人员的最直接需求。

帕夫莱克补充说："我们在第一季度末将每月的网站转换率提高了 1 倍，在第二季度末提高了 2 倍。2020 年第四季度的转换率高过了 2019 年，我们都不敢想象。"

SciNote 公司成功的关键在于，他们会对 OKR 不断评估、透视和升、降级，直到团队达到合适的工作状态。因此，当团队了解到什么是真正重要的时候，他们能够及时完善目标。

"我们喜欢 OKR 系统还有一个原因，"帕夫莱克说，"目标并不是一成不变的。当人们意识到目标有改进空间时，就不该再盲目追随了。"

每当有人通过研究或分析，或看指标、数字注意到时，SciNote 团队就被授权进行 OKR 策略的改变。"我们确实把它放在 OKR 中了，但这是之前的决定。现在我认为这不是最佳目标。"帕夫莱克说。人们在改进现有的 OKR 系统的同时，应不断质疑关键结果，甚至是目标。

（3）新的方向

布里斯托大学儿科教授亚当·芬恩在一篇专栏文章中写道：抛弃传统的纸笔记录是有帮助的，数字化的好处是即使在收集信息的过程中，也可以立即进行分析。

SciNote 公司非常清楚这一点。他们重新定义了行动目的并保持与目标一致，以此应对疫情的挑战，甚至赢得了那些以前喜欢纸上谈兵的研究人员。有了正确的进展衡量标准，SciNote 公司能够以小团队战胜全球危机——将"好主意"与"帮助我们实现 OKR 的好主意"区分开来。帕夫莱克说，其效果"妙不可言"。

22.2 用 OKR 寻找逆袭机会

创新和 OKR 帮助公司在行业危机中生存

斯科特·凯斯曾任职于许多初创公司。他曾是 Priceline（美国最大的在线旅游公司）公司的首席技术官，这家为"客户定价"的公司在不到 24 个月里完成了 10 亿美元的年销售额。凯斯说他是一个"拥有 863 个可能盈利项目的疯子企业家"。他使用 OKR 来设定目标，认为这些目标补充了公司的文化价值，即弹性、透明度和清晰性。

5 年前，当凯斯创办 Upside 商务旅行公司时，他把使用 OKR 作为公司文化的一部分。作为创始人和领导者，凯斯说在初期需要花一些工夫，但这个系统现在已经在 Upside 公司广泛使用。

"我的工作就是确定公司的方向和我们要完成的任务，明确这些目标和关键结果是什么，然后摆脱困境。"凯斯说。

在 2020 年第一季度开始时，Upside 公司在业务的各个方面都有明确的 OKR。他们在实现增长和收入目标的轨道上，甚至计划如何管理公司的利润率。但正如泰勒·斯威夫特曾经说过的，"你可以制定一个好的计划，但没法保证事情如期发展"。

在 Upside 公司的案例中，他们的计划完全脱轨了。

在疫情暴发的情况下，Upside 公司决定生存下去。对于他们的核心客户来说，商务旅行大多是一项可自由支配的开支。然而，由于客户向远程工作过渡，一些企业在应对经济不确定性时缩减了开支。到第二季度，收入下降了 95%。他们需要迅速采取一些措施。好在，对 OKR 的重用得到了回报，正如约翰·杜尔说的那样，"OKR 是防止模糊思维的疫苗"。

第一季度后，凯斯和团队放弃了获得市场份额这一 OKR，重新设定了他们的优先事项。他们的两个主要关注点变成了通过建立一座通往未来的桥梁来维持公司的发展，以及避免裁员。在当时旅游行业几乎所有公司都在裁员的情况下，这是一个相当大的成就。

在危机中，理想的目标有时不是具体、可实现的。凯斯向自己提出了一个许多领导人在严峻时刻都会问的问题：你如何设定一个目标，然后让每个人来追赶它？众人拾柴火焰高，这句话不仅适用于家务劳动，也适用于大目标。

Upside 公司推动了一种全员参与的思维方式。在疫情期间促进商务旅行是不负责任的，因此领导团队制定了大刀阔斧的目标：保持团队团结，转向不同的收入来源。既然商旅已经被迫停止，他们明确了目标，希望获得员工和企业的双赢。

他们通过视频会议通知了员工新的目标，并分发了 OKR 幻灯片，将这些目标作为他们的第一目标。许多关键结果都指向在规定时间内从外部"桥梁项目"中获得收入。

即使有了关于避免裁员的透明的 OKR，一些员工还是离开了，去寻找更安全的工作。但留下的人知道，他们有权力找到他们需要的，然后去完成目标。

Upside 公司的团队由 100 多名商业战略家、软件工程师、数据科学家、产品经理以及销售和营销人员组成。避免大规模裁员意味着要找出新的方法来利用内部能力创造收入，直到人们重新开始进行商旅。这需要让团队走出他们的舒适区。

Upside 公司的运营总监沃伦·曾茨明白这种变化可能让人不适应，尤其是"初创企业就像过山车"，但他期待这个挑战带领公司战胜困难。重新定位公司的 OKR 后，他们注意到了被忽视的机会：成为旅游相关公司的顾问。这也让像曾茨这样的员工接触到旅游和其他行业的不同侧面，这反过来又帮助他在 2020 年期间驾驭了各种桥梁项目。

值得注意的是，一个 OKR 就使 Upside 公司重新定位到了一个以前未开发的商业机会。凯斯表示："我们推出了一个全新的产品线，名为 Upside 金融，目标是帮助需要向政府贷款的小企业。"

凯斯强调，OKR 作为一种目标设定工具，非常适合那些重视创新和长远发展的公司。"当疫情发生时，我从来没有怀疑过，我们作为一个组织能够找到办法来渡过难关。我不知道会是什么情况，我也不知道我们会有什么限制。但我有很大的信心，我们有一群接受这些想法的人。"凯斯补充说。

"我相信人是在逆境中成长的，"曾茨解释说，"我没有害怕未知，而是去拥抱它，期待与一个新团队合作，学习一个新的行业，并磨炼自己的专业知识，应对一个新的挑战。"

22.3 用 OKR 帮助团队制定良好的目标

在我们这些人中，有些年龄大的肯定体会过收到纸质活动邀请的那种兴奋。在我们翻阅一叠平凡的账单时，看到浪漫的婚礼邀请函、周年聚会的请柬或通知时，总是惊喜不已。

虽然电子技术已经大大减少了实体信件的数量，拯救了数以百万计的树木，但 Paperless Post 公司却可以帮助我们保持收发纸质邀请函时的兴奋感。

Paperless Post 公司为各类活动提供线上邀请函定制服务，包括婚礼和婴儿洗礼、早午餐和野餐、晚餐和鸡尾酒会、读书会和游戏之夜以及任何其他类型活动。它比起实体信件大有优势，例如方便客人网上预约登记，或取消、协商、推迟。

（1）让团队决定工作怎么完成

在几家线上邀请函公司的竞争中，是什么让 Paperless Post 公司脱颖而出呢？人事主管凯莉·法勒认为，是因为该公司拥有一流的设计和便利的定制服务。法勒解释说："在这个领域，我们的竞争对手都没有像我们这样认真对待邀请函的设计。"这家拥有 1 亿用户的公司有 70 名员工，其中包括设计师、艺术家、写信人和撰稿人。

Paperless Post 公司能够在线上邀请函市场上分得一杯羹的另一个原因是：它的运作方式不同于一般的小公司。法勒说："在其他小公司，特别是那些由创始人带领的，多数倾向于给员工列出战略重点，告诉他们该怎么做。而我们不同于同规模的其他公司的地方，是公司整体的协作。"

这种对协作的重视带来了有竞争力的商业优势，以及雇主品牌的优势。而且，该公司言出必行——合作成了跨职能的 OKR。"我们让团队参与到 OKR 过程中。"法勒说，"对如何完成工作这个问题，我们重视员工的想法，他们有发言权。"

（2）跨职能 OKR 和高透明度结果

Paperless Post 公司在 2013 年开始使用 OKR，比法勒加入公司的时间早 6 年。像大多数组织一样，这个过程需要根据他们的需求和文化进行调整。法勒回忆："经过多年的迭代，才有了适合我们的 OKR 系统的版本。"

改造有助于公司明确其首要任务，并逐季完善方法。今天，Paperless Post 公司的发展路线图反映了在同一时间发生的许多事情，都是为了同一个目标。

法勒认为，OKR 提升了公司战略决策及其效果的透明度。由于最重要的工作通常需要一个多季度才能完成，OKR 也提供了问责制，以确保团队在每季度、每半年和每年都能完成他们所设定的工作。

"我们使用 OKR 作为一种设定更宏伟目标的方式，并使几个团队向同一目标看齐，以执行长期计划。"联合首席执行官亚历克斯·赫什菲尔德说，"公司的任何团队都可以设定一个大目标，但你需要一个计划来实现这个目标。对我们来说，OKR 提供了一个从大目标向后工作的框架。"

但 OKR 也不宜过多。尽管试图将公司层面的 OKR 限制在每季度 3 个，但法勒承认，"我们有时会超过这个数目，因为不想削减某一个重要的工作部分"。

该公司目前有两种产品——卡片和传单。举个例子，卡片或传单团队设立一个目标，把发送的活动数量增长一定的百分比，那么下一步则是两团队间互相合作，实现目标。

一个内容团队的最终 OKR 可能是这样的：

O	在第二季度之前，传单团队的业绩增长 ×%
KR1	国庆节活动增长 ×%
KR2	成人礼增长 ×%
KR3	成人生日增长 ×%

做好 OKR 的方式因情况而异。OKR 使 Paperless Post 公司能够建立明确的工作方向和约束。"同时使员工对所做工作拥有所有权，并理解其背后的原因。"法勒表示。

她还认为，关于管理到何种具体程度为佳，答案是复杂的。"你不能直接抛出 OKR 这个流行词，并以相同的方式套用于所有公司，甚至是同公司内的不同目标。我们发现，这不是一个放之四海而皆准的公式。具体程度是因目标而异的。"法勒说。

例如，如果公司要建立一个特定的产品或功能，并且有一个明确的愿景和定义，那么目标就是具体的——这种具体程度甚至处于最高级别；然而，如果公司有一个更开放性的目标，例如"收入从 × 增长到 ×"，那么可能会有几条路线可以实现它，此时则应该让 OKR 更加以指标为导向。

随着时间的推移，Paperless Post 团队发现，越把决策权交给实际做工作的人，就越好。"当你给那些最接近工作的人以权力时，就会产生最好的结果。"赫什菲尔德建议，"你必须把握好你的具体程度，给团队留下空间，尽可能多地让他们去决定细节。"

22.4 用 OKR 完成重心的改变

从关注行动到关注最终影响，服装电商 Stitch Fix 用 OKR 推动产出并衡量影响，完成了重心的改变。

当伊丽莎白·斯波尔丁于 2020 年 1 月加入 Stitch Fix 担任公司总裁时，她的任务是帮助"塑造增长和创新"。像许多其他公司一样，2020 年迫使 Stitch Fix 发展和透视其产品和服务，以应对不断变化的消费者行为。她说："我从未预料到在加入 Stitch Fix 大约六个月后，世界会发生变化。但它确实发生了。"

当实体服装公司和零售商因疫情而关闭实体店时，Stitch Fix 却在不断增长客户。截至 2021 年 3 月，公司的在线服装订阅服务已经积累了近 390 万活跃客户，在疫情期间推出了几个新功能。而到了 2021 年 8 月 1 日，斯波尔丁已取代创始人成为公司的首席执行官。

斯波尔丁在加入 Stitch Fix 之前，曾在全球咨询公司贝恩公司工作了 20 年。公司任命她领导公司进入下一阶段增长，包括国际扩张和新的消费者购物体验。这本游戏手册似乎涉及重塑公司设定和实现其目标的方式，包括采用 OKR 来驱动战略优先事项。

（1）转变：从关注活动，到衡量影响和结果

在斯波尔丁加入 Stitch Fix 之前，公司主要使用 OKR 来设定 KPI 和其他指标，并不用来确定高层战略的实施。这在她入职后不久就发生了改变，OKR 成了设定（并努力实现）战略优先事项的工具。Stitch Fix 在公司层面设定了 OKR，并逐级下达到每个团队及运作。其中，有两个主要的重点领域——消费者体验和个性化体验。

作为一个领导者，这是斯波尔丁第一次在全公司范围内使用

OKR。"在贝恩，OKR 不是一个组织工具。"斯波尔丁说。尽管她在一个较小的环境中拥有一些经验（由先前的风险基金和创业公司员工组成的几个内部团队在业务部门内使用它），但在部署方面，她认为规模是非常不同的。

据斯波尔丁说，在全公司范围内引入 OKR 的最重要的转变，是从关注活动到关注结果。以前，公司会跟踪活动（如引入一个新功能）的完成情况，但并不衡量这些活动的影响或产出。这意味着，"在过去，我们已经实施了一项新的举措，但结果可能没有达到预期，也没有产生它们该有的影响。"该公司的战略总监塔尼娅·拉赫贾说。拉赫贾举了一个引入直接购买功能的例子，该功能支持客户购买除了规定物品之外的一次性物品。拉赫贾还认为，对结果的关注使团队更加灵活，加速创新。例如团队引入了修复预览功能，允许客户在发货前查看他们的捆绑商品。在该公司 2021 年第二季度财报会议上，创始人兼现首席执行官卡特里娜·莱克告诉投资者："直接购买使我们实现了有记录以来最高的月度营业额增长。"

（2）多系统方法中的 OKR 应用

在使用公司范围内的 OKR 超过 6 个月后，拉赫贾和斯波尔丁惊讶地注意到其另一个效果：复杂项目中，团队间跨职能合作变得更加流畅。拉赫贾说："我们最近对新的库存模型的测试需要一系列团队的合作，包括运营、工程、销售和算法。使用 OKR 框架，我们能够比以前更快地将想法付诸实施。" 拉赫贾解释说，有了一套公司上下都理解、能共同响应的 OKR，团队的一致性和可见性得以在最大范围内更容易地被实现。

但斯波尔丁认为，挑战也仍旧存在。首先，她仍在学习如何在新项目中更好地纳入 OKR，这些雄心勃勃的崇高目标往往没有现存的成功框架。斯波尔丁说，在帮助和鼓励团队有足够高的目标与事情没有按计划进行时不感到气馁之间，需要一个平衡。为了达到这种平衡，她尝试把这些 OKR 当作一种学习机制。比如，谷歌的目标是在 2008 年达到 2000 万铬合金浏览器的每周活跃用户。正如约翰·杜尔在《衡量至关重要者》中写道，当谷歌未能实现这一目标时，他们将失败重塑为一个基础，使他们能够更好地解决不同的问题，最终实现突破并成功。

在 Stitch Fix，OKR 是用来跟踪、设定目标的系统之一，所以如何将这个过程整合到"全面导向"的指标和公司的财务目标中，是公司仍在探索的问题。在她看来，OKR 是一个"管理机制，它明确了交付（战略）优先事项的含义"，也是一个创造共同责任感和问责制的工具。

斯波尔丁由此认识到，建立 OKR 的过程与 OKR 本身一样重要，甚至更重要。在这个过程中，团队可以真正掌握他们正在努力实现的目标，并看到他们的角色如何融入公司的大目标中，对于一个 8000 人规模的公司，这可能是员工有困难的地方。

而最终，正是这种主人翁意识使得 Stitch Fix 这样的公司更接近他们的长期愿景。

22.5 OKR 和员工注意力经济

（1）将目标与商业战略联系起来

保罗·尼文喜欢说，员工的思想份额可能是一个公司最稀缺的资源。他说："类似于对于某块地产的竞争。"他说的是这种本地化的注意力经济。OKR 培训公司的创始人和总裁尼文观察到："员工不知道他们如何融入公司的目标。他们在关注行业趋势，为会议做准备……你如何在嘈杂的环境中崛起？你如何把重点放在公司目前最重要的事情上？"

"OKR 框架要求你分离出最基本的优先事项，"尼文说，"你要致力于现在需要做的事情，以实现大的愿景。"

然而，这需要一块珍贵的员工心灵空间。怎么才能引起继而保持员工对目标设定的关注呢？让我们向尼文取取经。

（2）因人制宜：保持目标设定方法的一致

尼文对结构化目标设定的兴趣是在20多年前由平衡计分卡引发的。他是负责在新斯科舍省电力公司创建企业记分卡的内部团队的一员，该公司是框架的早期采用者。"当我们向经理们介绍平衡计分卡概念和我们的记分卡时，人们非常惊喜，因为公司的战略被转化为了每个人都能理解的明确目标和措施。"

这让尼文记忆犹新。"我想继续帮助公司实现这种事情。"他为新斯科舍省电力公司的经理们提供平衡计分卡方面的指导达几年之久，然后从事咨询工作，最终撰写了《平衡计分卡实用指南》，并在 2001 年成立了自己的公司。此后，尼文又写了 5 本关于战略和战略执行的书，同时与安海斯·布希公司和阿迪达斯等客户合作。

平衡计分卡通过 4 个角度看待目标设定：财务、客户、内部流程以及学习和成长。尼文越接触它，就越意识到它对一个高度具体的受众有效。"对高管来说，任何事都要考虑周全。平衡计分卡的 4 个视觉效果就很好，迫使高管们连贯地思考各部分是如何结合在一起的。这可以为整个组织的 OKR 提供背景。"

然而尼文发现，从管理层往下一级开始的员工就很难将他们的工作纳入所有 4 个平衡计分卡类别。他还发现，对于这些较低级别的员工来说，平衡计分卡的年度周期太长了。他开始思考如何运用目标设定和战略执行的力量，但同时也要"与当今的商业节奏保持一致"。

事实证明，OKR 正是尼文寻找的答案。"90 天的节奏可以使战略规划成为一种习惯，而 OKR 将非高管员工从平衡计分卡的 4 个角度解放出来。他们让员工专注于此时此刻对他们来说最重要的事情。"

（3）设计一个学习曲线：培养早期的 OKR 赢家

尼文将 OKR 作为咨询业务的核心，但开始使用 OKR 的初期并不像最初看起来那么容易。在没有一些培训或指导的情况下贸然使用，可能会导致挫败感和员工对目标设定的关注，甚至于对工作本身的关注。

他回忆起一个房地产行业的客户第一次尝试引入 OKR 时，"速度很快，效果却令人失望"。尼文做了一些故障排除后，发现虽然这位客户相信 OKR 的力量，但他没有解决"为什么是 OKR""为什么现在做"这两个问题，而且他自己的 OKR 都写得很差。

"我们提供了关于 OKR 基础知识的培训，这样客户和他的团队就能写出高质量的 OKR。然后，我们与新任命的 OKR 冠军（冠军制度是尼文一直推崇的）一起探讨上面提到的'为什么'。"尼文说，"这位客户非常谦虚，他认识到了自己的不足，接受反馈，并与整个组织分享他从自己的 OKR 失败经历中学到的东西。这就是胜利的第一步，他们公司始终保持着这种势头，直到今天。"

高管的这项工作为接下来所有其他的 OKR 提供了背景，这些 OKR 是层层递减或阶梯式上升。如果没有它，刚接触 OKR 的人往往会将目标设定为自己的职位描述，或者尼文所说的"维持现状的活动"，但实际上他们真正应该做的是更上一层楼。

"你可能会听到，我在人力资源部门工作，所以招聘和管理员工福利是我的 OKR。但其实 OKR 不该是这些。"尼文说。领导者需要发现是什么阻碍了他们想得更远。"如果你是公司的人力资源主管，你可能会问，'为什么我们不能吸引我们想要的人？'然后，一个 OKR 可以是找到在相关领域的全国专业排名顶尖的大学，跟他们联合举行招聘会。"

（4）爆发式的头脑风暴：留出时间进行思考

尼文说："在疫情之前，我们会和大家在一个房间里待上 8 个小时，在白板前工作。"在这种形式下让人持续工作，无论如何都是很难的，而疫情之后，一旦远程工作成为一种生活方式，OKR 培训就必须想办法解决"视频会议疲劳"问题。

以前在一个马拉松式的课程中完成的工作，现在被分成了两个小时的线上模块。"我们以一些目标草案和关键结果结束第一次会议，"尼文说，"因为第二次会议还有几天时间，人们就有时间更深入地思考他们在第一天想出的东西。"

这是一个停顿，甚至是倒退。尼文说："现在我们有时间认识到，我们在周一起草的 OKR 可能与战略相矛盾，甚至可能揭示了战略中的缺陷。"他回忆起最近的一个客户时说："我们在第二次会议开始时发现，他们以客户为中心的目标之一的核心假设并不准确。起初看起来是一个满意度问题，但经过思考和分析，发现更多的是分销渠道的挑战。客户开始重新思考他们的战略方向，一切变得更清晰。"

"你根本不可能在一天中一直保持这样的洞察力，下午时，人通常更趋向顺从、达成共识，突发式头脑风暴消除了一些隐患，使每个人更积极地参与进来。"头脑风暴的效果非常好，OKR 培训计划在疫情之后继续使用。

（5）建立叙事：使用 OKR，讲述关于 OKR 的故事

当然，即使在会议室或通过视频会议，尼文也知道他在争夺注意力经济的份额。因此，他把故事编入他的培训中，还联系到酷玩乐队、亚伯拉罕·林肯等人生命中的一些关键时刻。尼文的书《路线图和启示》被写成一个寓言。另一本书是商业漫画集，所以理所当然地，他在处理 OKR 时也侧重于讲故事。

事实上，尼文断言，你的 OKR 本身就应该是一个故事。一旦你有了一个目标，就可以创建独立的关键结果。但是，如果你能想清楚关键结果是如何在因果上联系在一起的，是如何共同讲述一个故事的，那就更有力了。他有一个公式，指导目标充分发挥其讲故事的潜力。

（6）动词 + 你想做的事 + 为了 ×× 目的

"最后一部分，'为了'就是商业价值，就是战略相关性，"尼文说，"如果你坚持这样做，你马上就知道你应该衡量什么，衡量商业价值，然后返回来讲述你是如何达到目的的。"

尼文在他的职业生涯中一直致力于使用 OKR 帮助公司找到重点。他总结道："战略规划似乎是一个常年披着神秘面纱的话题，我的任务是揭开这个谜底。它并不神秘。它并不困难。"

22.6 使用 OKR 寻找神奇指标

想象一下，如果你能找到一个关键的成功因素，一个可以衡量和跟踪的单一指标，它可以激励你的组织实现一个明确的目标。虽然大型组织可能无法只确定一个目标，但初创公司的生死存亡往往取决于一心一意。

Superhuman 还在初创阶段时，拉胡尔·沃拉正在寻求难以捉摸的"产品/市场契合度"，这是一种普遍的状态，你知道你的努力已经在市场上创造了魔力，风险投资领袖马克·安德森将其定义为：

"当'产品/市场'的契合度发生时，你总能感觉到它。客户购买产品的速度与你的生产速度一样快，或者使用量的增长与你添加更多服务器的速度一样快。来自客户的资金在你公司的支票账户中堆积如山。你正在尽快招聘销售和客户支持人员。记者打电话是因为他们听说了你的热门新事物，他们想和你谈谈。你开始获得哈佛商学院颁发的年度企业家奖。"

然而，这些都是结果，而不是目标，对于这家总部位于旧金山的初创公司来说，这些都没有发生。该公司的价值陈述，例如"创造愉悦"和"实现卓越品质"，未能为员工创造焦点。

就其本身而言，这些价值太模糊而没有多大用处。"我们每周或每两周进行一次冲刺，这些对于短期计划来说效果很好，"沃拉说，"但是当谈到目标时，比如本季度我们会这样做，或者在 6 个月后，我们会这样做，我们无法可靠地设定和实现这些目标。"

（1）寻找领先指标

为了解决这种缺乏纪律的问题，沃拉求助于 OKR 系统。"我偶然发现了关于 OKR 的信息，对我来说，这是我们可以遵循的过程的清晰的描述。"

团队花了 3 ~ 4 个季度才真正掌握使用 OKR 的窍门，从而加速了开发。然而，到 2017 年夏天，该公司在编码 3 年后仍未推出其产品。

当沃拉发现他所谓的"澄清指标"时，事情才开始发生转变。事实证明，"产品/市场契合度"是一个滞后指标。Superhuman 需要的是一个领先指标。沃拉的灵感来自肖恩·埃利斯，他是一位以早期与 DropBox（提供云存储服务的公司）、Eventbrite（一个在线活动策划服务平台）和 LogMeIn（提供远程接入软件的公司）合作而闻名的企业家。

埃利斯所做的是转向用户，简单地问他们："如果你不能再使用这个产品，你会有什么感觉？"关键是衡量和跟踪他们中有多少人回答"非常失望"。

埃利斯调查了近 100 家初创公司，发现了一个神奇的门槛：40%。未能实现"产品 / 市场匹配"的公司排名低于该数字，而那些成功的公司排名更高。例如，Slack 达到 51% 并产生一个巨大的增长故事。

沃拉针对 Superhuman 的贝塔用户发布了这个调查问题，返回的数字为 22%。这并不可怕，毕竟，超过 1 / 5 的受访用户表示他们喜欢并需要该产品。"我们的团队现在有一个单一的数字可以团结起来，而不是抽象的想法。"他说。

然而，仅仅超过这个门槛是不够的，40% 的人报告说这是必不可少的，会让公司沉没或者远航的分水岭 OKR。沃拉认为这个指标比净推荐值更符合目标，因为它是个人的，而不仅仅是询问你是否会向其他人推荐该产品。

（2）瞄准高期望

沃拉更深入地研究了数据，通过对回复进行细分，将更多的临时电子邮件用户放在一个桶中，并为工作类型创建单独的类别。沃拉为"高期望客户"隔离了一个他称为 HXC（高期望客户的缩写）的群体。这些人使用电子邮件进行销售、业务开发和其他关键任务功能。

其中，32% 的人表示，如果他们不能再使用 Superhuman，他们会"非常失望"。这仍然没有达到"产品／市场契合度"的门槛，但已经非常接近了。当被问及该产品的主要好处是什么时，这些超级用户报告了"速度"。许多超级用户的目标是每天处理数百封电子邮件并实现"收件箱清零"。

调查还显示，对该产品的第一大抱怨是"缺乏移动应用程序"。这家初创公司假设电子邮件高级用户是桌面用户，但事实证明这种假设是错误的。

通过引入 Superhuman 移动应用程序并围绕速度优化产品，黄金OKR 跃升至 58%。此时，用户已经加入了很长的等待名单以使用该产品。超级用户舒斯特最近在推特上写道："没有哪个应用程序像我现在在 @Superhuman 度过的那一周那样改变了我的商业生活。这对我处理电子邮件和专注的能力带来的价值太大了。"

简而言之，马克·安德森强调的许多"产品／市场匹配"结果正在实现，从而公司以更高的估值再次获得 3300 万美元的风险投资。

（3）解决隐私危机

然而，2019 年 7 月，Superhuman 曾面临着直接的危机。贸易期刊报道称，那些收到 Superhuman 用户电子邮件的人正在使用屏幕上的像素进行跟踪，了解他们在网上做什么，称为阅读状态，甚至了解他们在打开电子邮件时所处的位置。

这样的骚动可能会破坏 Superhuman 的进步，因为位置跟踪尤其是作为潜在的隐私侵犯会在整个行业中引起争议。

值得称赞的是，沃拉立即在媒体和公司博客上做出回应，道歉并承诺改变公司的隐私惯例，但不会完全取消像素跟踪和阅读状态，这对超级用户来说已经变得至关重要。

他承诺，该回应立即生效，Superhuman 将停止跟踪位置，删除所有的位置信息并默认关闭已读回执。"我逐渐明白，确实存在涉及位置跟踪的噩梦场景，"沃拉说，"我为没有更充分地考虑这一点而深表歉意。"

沃拉因其快速果断的反应而赢得赞誉，他使像素跟踪成为一种可选功能，同时没有屈服于媒体的压力而保留阅读状态信息。

（4）未来的 OKR

到目前为止，该公司已将 OKR 的使用范围扩大到超过 40% 的超级用户"非常失望"的关键结果，他们被问及如果失去访问权限会发生什么。"我们仍在跟踪它，"沃拉说，"但计划将其变成更多的健康指标。"

该公司现在专注于使用 OKR 来帮助扩大公司规模并将核心价值转化为目标。

Superhuman 现在拥有 35 名员工，对 OKR 的使用已经足够灵活，可以帮助推动新的增长阶段,同时也旨在帮助个人实现更多的个人目标。

"随着我们引入更多经验丰富的经理，"沃拉说，"我们还将引入运行个人 OKR 流程所需的纪律。"

然而，它发现用户热情的神奇指标被证明是其当前成功的关键。"OKR 的使用改变了我们公司的游戏规则。"沃拉说。Superhuman 的等候名单现在大约有 18 万人，社交媒体上充斥着寻求推荐以插队的潜在用户。那时，沃拉知道他已经实现了难以捉摸的"产品/市场契合度"。

22.7 设计师的 OKR：轻松旋转

说到千禧一代的家居设计，很难想到比 Apartment Therapy 更知名的品牌。这个俏皮、古怪、色彩缤纷的设计和装饰网站最初是由麦克斯韦·瑞安于 2001 年推出的时事通讯。从那时起，它已经成长为一家成熟的媒体公司。

"Apartment Therapy 的整个想法是，如果我能向你解释为什么你在客厅里感觉不舒服，那么你应该能够自己做到这一点。"瑞安最近在他的办公室接受采访时说。纽约的拉斐特街，距离 SoHo 区熙熙攘攘的购物者仅几步之遥。简而言之，重点不是在整个过程中掌握读者，而是给他们足够的专业知识，让他们自己成为自信的家居设计师。

除了网络美食杂志 The Kitchn（于 2005 年推出）之外，Apartment Therapy 现在还为 3000 万独立用户的忠实观众提供家庭旅游、购买指南、手工制作设计技巧等。Apartment Therapy 的特色产品肯定会成为畅销书，而房屋参观可以将房主变成设计界的小名人。线下，Apartment Therapy 出版了获奖书籍，并推出了家具和餐具系列。

简而言之，Apartment Therapy 是一股不可忽视的力量。但对于瑞安来说，他在进入室内设计之前是一名华德福学校的老师，从来没有想过他会掌舵一个迷你媒体帝国，这不仅仅是一个房间，而是人们在那个房间里的感受。他们高兴吗？他们有生产力吗？他们专注吗？他们放松了吗？他们觉得自己在设计自己的生活和职业方面有多大的力量？对瑞安来说，所有这些都在打造一个美丽的空间以及为一家成功的公司中发挥作用。

经过 10 年的发展，瑞安希望将 Apartment Therapy 提升到一个新的水平。他如何让每个员工都感到更有能力，同时还能在自他刚开始以来发生巨大变化的数字媒体领域中利用 Apartment Therapy 的知名品牌？

"读者了解我们，但在市场上我们的知名度并不高，"他说，"我们和其他网站一样大，但我们赚的钱只有他们的一半。"

很明显，他们低估了自己，他的解决方案不是寻找其他家居设计品牌，而是从硅谷汲取灵感。于是，他求助于 OKR。"人们问我，'你接下来要做什么？你的愿景是什么'？"他解释道，"OKR 的美妙之处在于它们不仅仅是一个待办事项清单。"事实上，对于使用 OKR 的人来说，OKR 是一种生活方式。

恰如其分地，瑞安对 OKR 的第一次介绍是一种自下而上的事情："我们的一个员工实际上在一次会议上提出了它，我说：'快，搜索 OKR！'"他的搜索使他找到了克里斯蒂娜·沃特克撰写的《激进的焦点：用 OKR 达成你最重要的目标和关键结果》一书，这鼓励了他制定适用于 Apartment Therapy 的计划。

OKR 是一种任何人都可以使用的方法，也是一种不关注结果，而是关注实现目标所需的渐进式、更容易实现的步骤的方法。OKR 将权力交到更多的员工手中，分散责任，让每个人都能够设定，并受邀设定自己的目标，且为这些目标找到基石。

瑞安解释说，首先要选择一个全球目标。对于未来 3 年的 Apartment Therapy，目标将是"拥有房子"。Apartment Therapy 擅长鼓励读者控制自己的空间，并从日常用品中创造美感。如何确保 Apartment Therapy 成为其读者的第一站，不仅仅是一次，而是每一天？

瑞安解释说，部分原因是意识到他们已经拥有庞大而忠实的粉丝群，并利用这一点，而不是追求新鲜血液。"对我们来说，专注于已经了解我们的人，让他们留下更长时间，这更有意义，"瑞安说，"超市在这方面非常棒，尤其是像宜家这样的地方，他们让你进门，让你放下孩子，喂你肉丸子，让你穿过每个货架。"

一旦确定了全球目标，这一年就会被分成几个季度，所以 Apartment Therapy 有 "12 个季度来实现目标，或者 12 个球可以挥杆。" 当然，OKR 的概念中内置的想法没有什么是一成不变的。通过频繁的检查，瑞安和他的团队将了解哪些想法有效，哪些无效，并知道何时尽早调整，从而免去纠正后期错误的麻烦。这些是通过会议进行的，正如我们的采访结束时一样，瑞安即将参加当年的第一次会议。就在此一个月前，他还预见到要让每个人都登录这个系统很困难，但现在看来，这是他的一项成就。

未来，我们将继续关注 Apartment Therapy，看看该公司如何使用 OKR 达到更高的水平。

22.8 创建对齐一致的 OKR

你今天刷了几次牙？正如飞度等跟踪系统通过 "计算步数" 激励人们进行更多锻炼一样，Beam Dental 也会奖励那些特别注意牙齿护理的客户。这家总部位于俄亥俄州的保险提供商使用支持蓝牙的声波牙刷，利用技术解决美国口腔卫生不良的系统性问题，这个问题也恰好是许多昂贵疾病的 "根本原因"。

有 7400 万美国人没有牙科保险，该系统迫切需要新的想法。来自牙医世家，首席执行官亚历克斯·弗罗迈耶（以下简称弗罗）了解改革的必要性，并准备进行创新。他们的算法是降低费率：顾客刷的越多，费率就越低。这种互联模式看起来像是医疗保健的未来，由物联网实现的针对健康状况的个性化保费。

此外，弗罗和他的联合创始人亚历克斯·库里和丹·戴克斯着手创造卓越的客户体验，通过添加更多产品、自动化、软件和漂亮的界面。在 C 轮融资 5500 万美元后，他们制定了远大的计划，计划从 27 个州的项目发展到 2019 年底覆盖美国 90% 以上的人口。

这意味着需要招聘很多新员工。2019 年，公司从大约 50 名员工增长到 200 名，快速的增长使得他们的目标变得更具挑战性。为确保公司范围内的一致性，弗罗与其他高管合作创建了公司的第一个 OKR。他说："它们是将每个人都指向同一个方向的最佳方式。" 在将它们交给高级部门负责人后，丹·戴克斯惊讶地发现，分解 OKR 引发了团队冲突，优先级混乱。

幸运的是，正如丹·戴克斯所说，"OKR 即使不工作也能工作"。这是因为即使拥有"不完美"的 OKR 也能帮助领导团队快速发现问题并进行调整。当他们修改 OKR 时，过程更加慎重。这一次，他们咨询了高级经理和分析团队，以确保目标一致且可实现。

×× 年全公司 OKR

O	到年底，覆盖超过 90% 的家庭
KR1	了解"服务的总成本"并衡量一切
KR2	将可变劳动力成本降低至保费的 ×%
KR3	到年底，将我们的毛利率提高到 ×× %

更正后 ×× 年全公司 OKR

O	扩展服务以提高利润
KR1	推出 ××（新的牙科福利产品）
KR2	提高新经纪人获取的效率
KR3	用我们的产品和服务感召、取悦经纪人

这个过程成了编写 OKR 的注意事项的经典教程。以下是管理层学会采取不同方式来纠正并阻止团队向相反方向拉动的方法。

（1）不要把数字放在目标中，让它们更广泛、更有高度

丹·戴克斯说："我们的目标看起来更像是关键结果，因为我们将一些可衡量的组件而不是愿景放入目标中。"他承认，制定 2020 年目标"更加抽象和基于战略，并从措辞中删除数字，这感觉很可怕。感觉就像我们将最终目标置于危险之中"。

将公司的愿景放在目标中会产生更好的结果，因为它让那些遵循的人更灵活地添加自己的见解来制定方法。此外，每个人都清楚优先事项在哪里。理想的目标提供了一个基础，可以统一和指导随后的关键结果，从而更有可能取得成功。

通过"两者兼顾"，高管们吸取了教训。通过使新的 OKR 更广泛、更具有高度，它们使每个人都能适应全年的变化，同时仍朝着他们的"北极星"前进。

（2）培训员工，尤其是那些没有 OKR 经验的人

由于对 OKR 的工作原理没有共同的理解，团队有时会临时编写自己的目标。更令人困惑的是，许多新员工缺乏足够的背景来真正了解团队的文化和优先事项。第二次，Beam Dental 致力于进行广泛的培训，向团队展示如何创建和拥有他们的 OKR，在整个业务中实现支持，并授权个人掌握自己的目标。

鉴于公司的规模以及对 OKR 方法的不同理解，这需要时间。幸运的是，首席技术官布赖恩·霍夫有一些真正的 OKR 经验。在加入 Beam Dental 之前，布赖恩曾在另外两家公司工作，当时他们正在向 OKR 过渡。

培训分几个阶段进行。首先，在要求他们编写团队 OKR 之前，布赖恩和丹为所有经理进行了一次更大的 OKR 培训课程。接下来，他们与每位经理进行了 13 次背靠背的一对一或一对二会议，以审查他们所写的内容。布莱恩说："丹和我在我的办公室里待了整整两天，人们就像旋转门一样带着 OKR 进来并提供反馈。"

（3）问自己"这个团队为什么存在"

丹解释说："一个好的目标可以只是试图了解你的团队的整体影响是什么。"通常，在一对一的会议中，经理会开始编写一个看起来像使命陈述的目标，因此他和布莱恩会通过要求经理澄清这个概念："告诉我为什么你的部门存在，而不是你正在尝试完成什么。"

他们必须强调的第二点是，目标需要具有可衡量成功定义的关键结果，否则它们将毫无用处。"每天打 35 个电话，你希望达到什么目的？"布莱恩开玩笑地告诉团队领导，"如果你明天就消失了，你的团队会知道如何处理自己事务吗？为什么？"

（4）跟踪和调整团队，并重复跟踪和调整

在第一次尝试中，当 2019 年的 OKR 在没有跟踪的情况下被不同的功能领域应用时，它在团队之间造成了紧张和错位。借鉴之前发布 OKR 的经验，布赖恩观察到，"我们最大的缺失部分是从整体上查看每个人的 OKR，并决定哪些要分解，哪些不必"。

布赖恩和丹提醒经理们将他们的 OKR 与其他团队的 OKR 一起查看，指出存在潜在冲突或协同作用的地方。他们会告诉经理："嘿，你应该和这些领导谈谈，因为他们觉得这件事要么有帮助，要么可能与目标相冲突。或者他们正试图以不同的方式解决同样的问题。"这种方法使这些领导者负责确保闭环完成，以防止冲突和重复工作。

（5）OKR 即使失效也有效果

OKR 的最大属性之一是既现实又灵活。无论它们是写错了还是世界颠倒了，它们都可以改变。从 2019 年到 2020 年，Beam Dental 学会了不要让 OKR 太窄以至于失去灵活性。"制定允许变化的目标，"弗罗建议道，"当我们没有足够快地认识到业务的变化时，OKR 在几个月内就过时了。"

丹说："因为 OKR 依赖于字面含义，所以很容易认为它们是高度科学的。实际上，创建一个好的 OKR 需要大量的艺术。"

第二十三章

面向未来的 OKR

23.1 使用 OKR 建立未来的劳动力

在拉兹洛·博克领导谷歌人力资源的 10 年中，没有人像他一样受到如此多关注和钦佩。

一位电视记者问到谷歌是否代表了未来的企业文化，以及命令和控制模式是否会消失，博克回答说："也许有一天会。"

23.1.1 OKR 如何创建目标驱动的文化

博克将他在谷歌的大部分成功归功于 OKR 系统，该系统在他到任时已经到位。

他说，每年吸收 10000 名新员工，同时保持每个人的生产力和一致性，这是一项持续的挑战。"我们每个季度都会关注目标是什么以及将如何实现这些目标。OKR 是该系统实际运行和扩展的直通车。这确实是谷歌增长的关键。"

一项广为人知的盖洛普敬业度调查显示，大约 70% 的美国员工感到与工作脱节。博克于 2016 年辞去谷歌职位，创立 Humu，这是一家雄心勃勃的初创公司，旨在帮助大型组织利用人工智能和行为科学提高参与度。Humu 的软件旨在提高幸福感、生产力和保留率。

如果 Humu 成功，那么矛盾的是，未来的工作场所将受到技术的调节，促使员工做越来越多的人性化的事情，例如更频繁地面对面开会并提供持续的反馈给同事以供共同合作，而不是等待有条不紊的年终绩效评估。

事实上，人为因素必须始终是激励人们的核心。"OKR 提供了明确的目的，"博克说，"这个星球上最有才华的人想要一个鼓舞人心的目标。领导者面临的挑战是制定这样一个目标。"

在 Humu，博克正在实施 OKR 来管理 Humu 自己的员工队伍，该员工队伍已增长到 45 人。"OKR 将帮助我们解决的最大问题是优先级排序，"博克说，"我们将 OKR 视为一种机制，让每个人都能了解和透明地了解正在发生的事情，就像在谷歌所做的那样。"

23.1.2 OKR 如何服务于新的优先事项

博克说，OKR 在解决多样性问题方面发挥着重要作用，挑战在于将其提升到目标列表的最顶端并不断衡量进展。正如博克所说："围绕优先级排列结构有助于我们解决'管理在这些东西上的位置'的问题。"

OKR 系统已被证明是灵活的，可以适应不断变化的需求。"弄清楚前五件事及其顺序真的很有帮助，因为这样我们就可以说，我们将把 98% 的时间花在这些重点领域上，而在其他部分上只花很少的时间。"博克说。

毕竟，OKR 不仅仅是增加收入和利润，还包括关于建立你想看到的文化。"约翰·杜尔教给我的关于 OKR 的一件美妙的事情是，它们如何迫使人们就关键结果进行不同的对话。"博克说，"你想要推动某些行为，而不是让每个人都成为一台机器。这不仅仅是关于钱。它是关于'我要实现的更高层次的目标是什么'的问题。"

23.2 OKR 之旅才刚刚开始

感谢你阅读我们的《手把手教你做 OKR》第一版。

我们在这里能够涵盖的，只是一个伟大的 OKR 实践的开始。伴随你在自己的企业中开始 OKR 的实施，我们将不断增加丰富的资源来增强你对 OKR 和领导力的理解。

我们鼓励你继续关注我们的更新，更加鼓励你与我们分享你在 OKR 之旅中的一切体验。如你所看到的，我们的一切信息都来源于客户和读者，我们也会将一切更新内容反馈给客户和读者。我们深深相信，OKR 这颗种子在中国的沃土上一定会开出繁盛的花朵。

再次感谢！

附录一

OKR 术语表

在这里，你将找到 OKR 世界中常用术语的定义词汇表。以下术语按照英文字母顺序排列。

A

Accountability　问责制　OKR 是一种工具，可以创建对所设定目标的所有权。因为它们是定期编写和跟踪的，所以 OKR 为进度或未达到目标提供了实用的参考点。OKR 与其他目标设定系统的不同之处在于，它们清楚地定义了通往"终点线"（目标）道路上的标记（关键结果）。

Action Item　行动项目　是指完成后从待办事项列表中划掉的项目。但需要明确的是，将事情从待办事项列表中划掉并不一定意味着你在实现目标方面取得了进展。行动项目与目标或关键结果不同。理想情况下，你的每日或每周待办事项列表由你的 OKR 通知。如果 OKR 偏离轨道，理想情况下，你的待办事项清单会在速度或范围上发生变化。

Agile　敏捷　许多软件开发团队使用的一组价值观和原则来决定他们如何工作。这些价值观和原则以客户为中心，有利于协作、适应和迭代。

Align　取齐　OKR 为共同目标带来可见性并团结团队。在组织的各个级别设置 OKR 是公司的首要任务。这种透明度增加了成功的可能性。OKR 第二大超能力就是取齐。

Alignment　对齐状态　经理、团队和个人将他们的日常活动与组织目标明确联系起来的一种状态。

Aspirational OKR　理想型 OKR　OKR 的常见类别之一，另外两个是承诺型和学习型。这种类型促使我们更大胆，要求团队远远超出通常的范围以实现它们。出于这个原因，它们更难完成，但它们很有用，因为它们推动团队以不同的方式思考和行动，并走出我们的舒适区。

这个想法是，如果我们围绕达到理想 OKR 的 100% 进行组织，我们可能只会达到 70%。但 70% 的宏伟目标比 100% 的平庸目标能让你走得更远。

Audacious Goal　大胆的目标　大胆、清晰和冒险的目标是"登月计划"，你可以召集周围的人。大胆的目标是你的团队在没有障碍的情况下想要完成的目标。理想型的 OKR 是实现最大胆目标的最佳选择。

B

Benchmark　基准　一个参考点，可以衡量自己是否在实现目标方面取得进展。例如，如果你的目标是跑得快，那么你的基准之一就是 5 分钟跑 1 千米。基准本身可以是很好的关键结果。

Bottom-up OKR　自下而上的 OKR　这是为响应组织中更高级别的 OKR 而形成的任何 OKR。它随着清晰的信息和沟通从组织的顶层流向入门级，反之亦然，理想的结果是参与和协调。最好的 OKR 实施使用自上而下和自下而上方法的混合。

Business As Usual　照常营业　组织或团队的日常或日常运营和活动。尽管日常活动通常是挑战，但它们与 OKR 不同。相反，OKR 描述了需要改变什么，以及我们希望如何以不同的方式做事。这就是为什么 OKR 是"一切照旧"的对立面。其首字母缩略词"BAU"通常用于"一切照旧"。

C

Cadence　节奏　组织设定其 OKR 周期的节奏。一个 OKR 周期包括以下步骤：设置 OKR、签到、给 OKR 评分和反思。根据你的公司的文化和背景，OKR 周期可以设置为年度、季度或每月的节奏，以满足团队的需求。

Cascading　分解　使用更高级别的 OKR 来指导团队和个人创建自己的 OKR 的过程。这个过程让整个公司保持一致。一个例子是某电动汽车经销商全公司范围的目标为：成为该地区领先的电动汽车经销商，并取得该地区 60% 的全电动汽车的关键成果。向下分解，销售经理可能会将该关键结果转化为他自己的目标和关键结果：将去年销售的汽车数量增加 55%。随之再往下，销售助理可以将该关键结果进一步分解为他的 OKR。

CFR　对话、反馈和认可　代表所有让 OKR 发声并确保 OKR 不会生活在真空中的交互。OKR 和 CFR 是相辅相成的，CFR 发生在整个 OKR 周期中，包括在一对一会议中，如面对面、通过视频聊天，甚至在定期的电子邮件更新中。CFR 在组织的各个层面促进透明度、问责制、授权和团队合作。在 OKR 周期结束时，它们有助于超越 OKR 的分级，更深入地挖掘某些事情实现或没有实现的原因。

Child OKR　子 OKR　分解 OKR 后嵌套在"父 OKR"下的 OKR。

Collective Commitment　集体承诺　组织中每个人都同意的共同目标值得追求并积极努力。集体承诺需要信任和透明度。参与其中的每个人都必须知道目标是什么，以及他们在实现目标中的作用是什么。必须在整个组织内就目标的进展进行定期沟通，这确保了聚焦和对齐。

Commit OKR　承诺 OKR　让自己对完成目标负责。

Committed OKR　承诺型 OKR　OKR 的常见类别，另外两个是理想型和学习型。与理想的 OKR 不同，这些 OKR 是我们都同意需要实现的目标。没有它们，我们就没有成功。我们将优先考虑所有事项，以确保在 90 天结束时此 OKR 成功实现。

Continuous Performance Management　持续绩效管理　这是年度审查的替代方案。通过结构化的季度签到和改进我们的一对一对话方式，全年持续提供反馈。持续绩效管理为关键问题创造空间：规划和反思 OKR、经理主导的指导、双向反馈和职业对话。

Culture　文化　在《衡量至关重要者》一书中，约翰·杜尔将文化定义为组织最珍视的价值观和信仰的生动表达。强大的公司文化基于透明度和问责制。当公司发展出强大而开放的文化时，更容易做出更可靠的决策。OKR 和 CFR 需要一个相当健康的文化才能扎根，它们也可以加强文化的积极方面。

D

Directional Alignment　定向对齐　OKR 对齐的两种类型之一。定向对齐往往比显式对齐更"流畅"，因为这意味着使用更高级别的 OKR 作为开发团队或个人 OKR 的指南。当组织希望授权其团队利用他们的创造力和专业知识来实现组织 OKR 时，它运作良好。如 SaaS 团队的顶级 OKR 目标是"通过每月实现 5000 个软件订阅来达到有意义的规模"。业务开发团队可能会创建 OKR 以"找到 1 ~ 3 个获取渠道"。

E

Equity Pause　平权停顿　当团队和个人询问他们的 OKR 是否具有包容性时，OKR 设置过程中的一个流程步骤。这自然需要分析你是否为每个人的声音留出了空间。如果 OKR 被认为具有排他性或偏见，修改它们以使其更具包容性。

Explicit Alignment　显式对齐　OKR 对齐的两种类型之一。显式对齐往往比定向对齐更"严格"，因为它需要使用来自更高级别 OKR 的可衡量的关键结果作为团队或个人目标的基础，然后编写自己的一组关键结果来支持它，也称为"继承"关键结果。当组织需要激光聚焦或应对危机时，它通常效果很好。如 SaaS 团队的顶级关键结果是"实现净推荐值高于 90"。营销团队将此作为目标，并为其制定了一组关键结果：K1 是确保在 12 小时内审核每组表单，K2 是确保在 12 小时内审核每封电子邮件。

F

Failure 失败 达到目标的失败尝试。对失败的恐惧阻碍了许多组织扩大其雄心壮志，尤其是当目标与绩效评估或经济补偿挂钩时。但失败是常见的，可以被视为学习和成长的机会。集体致力于目标也有助于减轻个人因失败而担责的恐惧。

Focus 聚焦 注意力的中心。使用 OKR，团队可以通过仅设置少数 OKR 来确定时间的优先级。这使得员工能够深入了解组织的首要任务并与之保持一致。OKR 的首要超能力就是聚焦。

G

Grading OKR 对 OKR 进行评分 在 OKR 周期结束时，团队确定 OKR 是否已完成，以及达到何种程度。这个过程应该客观地进行。这些分数应该用于反映上一季度的达成情况，作为为下一个季度做好准备的一种方式。

Goal 目标 是由于专注工作而达到的目标或期望结果。并非所有目标都是 OKR，但 OKR 是一种高优先级目标。

Goal Setting 目标设定 是创建和致力于目标的过程。一种有效的目标设定方法包括将目标与目的联系起来，使其可衡量，并跟踪它们。

I

Individual OKR 个体 OKR 由个人贡献者设置和承诺的 OKR。这些 OKR 应与团队、部门和公司范围的 OKR 保持一致。它们不同于个人的 OKR。

Input Goals 输入型目标 定义所需最终状态的三种方法之一。输入 OKR 基于你可以控制的事情，例如测试 3 个营销活动、重新启动网站或减少组件的重量。如果你的目标是选出一名候选人，则输入目标可能是"至少敲 10000 扇门"。

K

Key Result　关键结果　OKR 中的"KR"，这些是书面的基准或衡量标准，列出了组织、团队或个人如何实现其目标的计划。有效的 KR 应该是具体的、有时限的、积极而现实的。最重要的是，KR 是可衡量和可验证的，它们跟踪实现目标的进度。完成关键结果不是主观的。在 OKR 周期结束时，你要么满足性能基准，要么不满足。关键结果作为一组工作，必须与特定目标相关联，并用于指导整个周期的行动。每个目标的关键结果不应超过 5 个。

KPI　关键绩效指标　KPI 是用于衡量组织运营的指标。KPI 衡量可帮助你做出更好决策的基本指标非常重要。例如，KPI 可以跟踪关键服务的收入或正常运行时间。一些 KPI 会产生很好的关键结果，但它们需要与你的目标保持一致。

L

Learning OKR　学习型 OKR　OKR 的一个常见类别，另外两个是承诺型和理想型。这种类型鼓励团队通过探索未经证实的理论或策略来测试假设或研究新方法。当结果不确定或未定义时，它们可用于定义成功。

M

Measurement　衡量　《牛津词典》中对该词的解释是"寻找某物的大小、数量或程度的行为或过程"。这是关键结果的重要组成部分，因为它允许你准确设置如何确定你是否（或在多大程度上）实现了预期结果。例如，一支球队的"赢得超级碗"的目标可能会将他们的关键结果设置为：每场比赛传球进攻累积超过 300 码；防守允许少于 17 分；

特殊团队单位在回传覆盖率方面排名前三。

Metric　度量标准　《牛津词典》中对该词的意思为"测量的系统或标准"。一个好的关键结果的必要特征，是一个特定的数字参考点，它决定了目标的实现程度。根据行业或情况，它可能是一个数、字母、统计数据或评级。

Mission Statement　使命宣言　简短而清晰的陈述，概括了你的组织所做的一切的原因。使命宣言通常是顶级 OKR 的原材料。例如，谷歌的使命宣言是"组织全世界信息并使其普遍可用和有用"，所有项目将其贯穿始终。

Moonshot　登月计划　这是指一个非常大的目标，一开始似乎不可能实现。目的是将标准设置得如此之高，即使在失败的情况下，团队也会取得比制定更现实目标时取得的更大进步。诺曼·文森特·皮尔曾经说过："为月球而战。即使你错过了，你也会在群星之间着陆。"拉里·佩奇在谷歌也经常采用的理念。

N

Nested Cadence　嵌套节奏　较大 OKR 周期内的 OKR 周期。例如，许多公司设置年度 OKR，然后使用季度 OKR 周期来实现这些长期目标。

O

Objective　目标　OKR 中的"O"——你（组织、团队或个人）希望在下一个周期（通常是 90 天）内实现的某个目标的书面陈述。它描述了一个似乎几乎无法实现的未来状态，并且与公司的总体使命和目标保持一致。目标是重要的、简短的、具体的、面向行动的和鼓舞人心的。

OKR Champion/Master　OKR 冠军/大师　这是在组织内部实施 OKR 的高级倡导者。他们是"啦啦队"，看穿组织采用和维护健康

OKR 实践的过程。它们有助于消除对 OKR 的任何怀疑、不情愿或误解，并为使用该系统的好处和动力树立榜样。

OKR Coach　OKR 教练　培训和支持管理层和团队使用 OKR 和 CFR 方法和流程的专家。该指导通常包括在制定、实施和完善 OKR 方面的帮助以及解释如何执行 CFR。

OKR Owner　OKR 所有者　分配给特定 OKR 的人，负责交付 OKR 或关键结果。每个 OKR 都有一个所有者，即使完成它的责任是分担的。所有者不必自己做所有事情，但会传达其状态并在进展受阻时召集团队制定计划。

OKR Review　OKR 回顾　OKR 若想达到最佳效果，必须定期回顾。它们自然应该成为所有关于目标的对话的一部分，包括一对一以及每周和每月的员工会议。如果团队没有取得预期的进展，定期检查有助于团队调整路线。在 OKR 周期结束时，应该有一个更正式的评分过程。对 OKR 进行评分和反思提供了一个机会来庆祝胜利并分析下次可以做些什么不同的事情。低分表明需要重新评估，高分表明有效。

OKR Superpowers　OKR 超能力　OKR 为组织提供了 5 个强大的优势或属性，有助于推动公司的成功。具体来说，这些使它们与其他目标设定系统区别开来的 OKR 优势是：专注、对齐、承诺、跟踪、挑战性。

OKR　目标与关键结果　"O"代表目标，"KR"代表关键结果。OKR 是一种协作目标设定方法，管理层、团队和个人使用它来设定具有可衡量结果的具有挑战性的、雄心勃勃的目标。OKR 是你跟踪进度、建立一致性和鼓励围绕可衡量目标进行参与的方式。

Outcome Goal　结果型目标　定义所需最终状态的三种方法之一。结果 OKR（或关键结果）是最强大的，因为它倾向于描述所需的最终结果本身，而不是你为达到目标所做的工作。结果也比投入或产出更复杂,因为它们更直接地解决了潜在的挑战——反映了之前和之后的问题。制定一个伟大的关键结果可能需要额外的时间进行反思,但这引发的对话通常非常有启发性。例如将续约率提高 10%,或者赢得一场竞选。

Output Goal 产出型目标 定义所需最终状态的三种方法之一。产出 OKR(或关键结果)是你投入的效果,例如增加销售收入、达到绩效基准或实现 63% 的订户续订率。有效产出将行动(投入)嵌入目标中。

P

Parent OKR 父 OKR 已分解为一个或多个"子 OKR"的 OKR。大多数父级 OKR 是通过组织内逐层分解发生的。但是,OKR 也可以上升到更高级别的 OKR。激发"子 OKR"的 OKR 称为"父 OKR"。

Personal OKR 个人 OKR 在办公室外用于个人或生活目标的 OKR。

Private OKR 私密 OKR 针对包含敏感或机密信息的目标的 OKR,这些信息仅在特定团队之间共享。应该谨慎使用它们,或者为它们在整个组织中公开共享的时间设定时间表。

Progress 进展 朝着目标的积极运动。进步是通过基准来衡量的,这些基准清楚地表明你是否正在朝着目标前进。完成待办事项清单是一个流程步骤,并不跟踪目标的实际进度。这就是为什么大多数 KR 都是基准的一个很重要的原因。

Q

Quality Key Result 质量关键结果 侧重于减少任何意外后果的关键结果,例如危害安全、公司声誉或道德行为。将质量 KR 与数量 KR 配对可以帮助加强 OKR。例如,如果你正在制造一辆汽车,安全应该和速度一样重要。

S

Sandbagging　沙袋现象　设定故意压低的目标，因此很容易超额交付。沙袋现象在害怕失败的文化中很普遍，也阻碍了组织的创新和发挥其全部潜力。

Stretch Goal　挑战性目标　一个高努力、高风险的目标，旨在帮助团队创新或达到正常绩效的 10 倍。挑战性目标的关键是团队必须重新思考如何最好地利用他们的资源。

Strategic Planning　战略规划　组织实现其长期目标的总体计划。OKR 不能替代战略规划。OKR 只是组织在 OKR 周期中的优先事项。但是，OKR 应与战略保持一致。

T

Team OKR　团队 OKR　由较大组织内的团队设置并拥有的OKR。团队 OKR 与更高级别的 OKR 保持一致，或者通过向下或向上分解的方式直接与任务保持一致。

Tracking　跟踪　监控或遵循 OKR，以确保它们正在工作并实现预期结果是该方法成功的关键。OKR 不应该放在架子上，应该定期检查并每季度评分。这个过程在 CFR 中被赋予生命，这有助于根据需要进行对话、修订和调整。OKR 的第四大超级能力是追踪问责制。

Transparency　透明度　可见、公开共享、所有人都能看到。OKR 的主要优点之一是每个人的目标，从首席执行官到员工都是公开分享的。这为更深入的对话、更有效的关注和协作以及部门之间的协调铺平了道路。公开共享的 OKR 显示了每个人的工作、团队努力、部门项目和组织的整体使命之间的联系，这就是为什么透明度是 OKR 能取齐的原因。

V

Value 价值 组织之间共享的理想或信念。公司的价值观应该通知他们的 OKR，公司的 OKR 应该与其价值观保持一致。

W

Work Plan 工作计划 包含完成项目、计划或目标的具体步骤的路线图。工作计划与 OKR 不同，OKR 是组织的优先事项，可以为工作计划提供信息。

附录二

常见岗位 OKR 模板库

1. 业务拓展部

1.1 业务拓展

目标 （Objective）	成功拓展 ×× 市场
关键结果 （Key Results）	■ 选择首发国家 / 地区，并与至少 × 个转销商签订合同 ■ 达到 ×× 的平均订单价值 ■ 与转销商紧密合作，并在 ×× 天内（最多 ×× 天）将第一笔订单售罄

目标 （Objective）	改善我们新的市场机会决策流程
关键结果 （Key Results）	■ 分析最近的新市场进入机制并商定 × 个成功标准 ■ 根据成功标准，分析并获得至少 ×× 个新的市场机会 ■ 获得 × 位外部公司专家的确认，这两个得分最高的市场选择是最佳选择

目标 （Objective）	筹集增长需求所需的新资金
关键结果 （Key Results）	■ 与风险投资人建立联系并举行 ×× 次初次会议 ■ 至少召开 ×× 个再次联络会议或电话会议 ■ 至少征求 × 个满足我们最低要求条款的报价单 ■ 完成至少 ×× 美元投资的前一轮融资

目标 （Objective）	使用 OKR 等保持专注、一致和有效
关键结果 （Key Results）	■ 在所有团队中，平均每周计划完成率均大于 ××% ■ 通过 ×× 周的每周团队总结来记录关键学习成果 ■ ××%的人在民意调查中确认他们对 OKR 有实际的了解

目标 （Objective）	**精益求精，在我们所做的任何事情中都要做到最好**
关键结果 （Key Results）	■ 所有 × 个团队都要进行内部头脑风暴会议，研究"我们如何改进""为什么我们还不是最好的"等问题，并提出 × 项改进方法 ■ 将与产品相关的所有内容同 ×× 个主要竞争对手对标比较 ■ 获得 ×× 位客户关于他们对我们需要改进的想法的调查反馈 ■ 创建 × 个公司范围内改进领域的列表

2. 客户管理部

2.1 客户导入专家

目标 （Objective）	增加客户获取活动
关键结果 （Key Results）	■ 作为任何潜在新客户的第一联系点，请确保你随时可以为你的客户提供帮助并将他们转换为付费客户。 ■ 本季度进行 ×× 场客户演示 ■ 本季度预定 ×× 个出站会议 ■ 达到 ××% 或更高的成交率 ■ 将你的客户清单中的每月经常性收入增加 ××%

目标 （Objective）	**充当客户的声音** 作为新客户的客户关系负责人，重要的是，你要表达整个组织中客户的所有疑虑、困惑、犹豫等。与客户最接近的人会赢得胜利。
关键结果 （Key Results）	■ 在公司每月一次全员大会中分享视频评论（客户拜访的要点） ■ 创建 × 个客户情况说明书，与销售、市场营销、产品和工程部门共享，以提供客户参考，做案例研究和研究电话 ■ 跨职能工作以解决客户升级问题，并达到 24 小时或更短的平均解决时间

目标 （Objective）	**让我们的客户开心** 在团队的帮助下，确定客户的"第一价值"要点，并朝着快速实现这一目标迈进。这将帮助我们确保客户了解我们为他们提供的总价值。
关键结果 （Key Results）	■ 将客户的导入流程时间从 × 天减少到 × 天 ■ 将本季度的客户流失率从 ×％降低到 ×％ ■ 将本季度的客户净推荐值分数从 × 提高到 × ■ 将来自客户的有关入职混乱的支持工单减少 ××％

目标 （Objective）	**成为产品专家** 作为面对客户的人，重要的是，你对我们的产品有深刻的了解，以更好地为我们的客户服务。成为我们产品的狂热用户还可以帮助你更好地了解我们的客户的价值。
关键结果 （Key Results）	■ 与产品经理每月举行 × 次同侪会议 ■ 本季度编写有关 × 个新功能的帮助文档 ■ 审阅 ×× 个现有帮助文档，以确保它们与当前产品功能相匹配，并保持更新 ■ 与团队分享来自 × 位客户的宝贵反馈，以帮助改进我们的产品

2.2 客户管理部经理

目标 （Objective）	**线束自动化使我们的低接触客户获得成功** 在不影响客户体验的情况下管理大量客户。
关键结果 （Key Results）	■ 部署电子邮件宣传，以将我们的低接触细分市场中的产品使用量提高 ××％ ■ 对电子邮件宣传进行 × 次 A／B 测试，以提高宣传的效果 ■ 试用转换率达到 ××％

目标 （Objective）	**减少我们的价值实现时间** 让试用和付费客户更快地获得第一价值，以便他们可以开始使用和拥护我们的产品。
关键结果 （Key Results）	■ 将两周功能的采用率提高 ××% ■ 在 × 天之内完成产品配置（客户数据整合全部完成） ■ 在 ×× 天之内完成客户完全导入

目标 （Objective）	**维护、管理良好的客户清单** 记录和分析使你的工作变得轻松而不痛苦。
关键结果 （Key Results）	■ 确保／维护更新每周报告的所有客户的运作指标 ■ 根据每两周一次的节奏对质量和定性信息进行报告，以准备高质量的客户评论（如果有的话）

目标 （Objective）	**维持并改善你的客户活动** 当我们的客户成功时，我们就成功了。
关键结果 （Key Results）	■ 导入 × 个新客户 ■ 做 × 场培训 ■ 对分配给你的客户维持至少 24 小时内的响应 ■ 客户调研中保持超过 ××% 得分为"绿色"

目标 （Objective）	**为你的客户带来成功的成果** 增加收入和提高整体客户满意度。
关键结果 （Key Results）	■ 续签率提高 ××%，流失率降低 ××% ■ 通过交叉销售和向上销售将每月经常性收入扩大 ×× 美元 ■ 将采用率、客户满意度和整体健康评分提高 ××% ■ 维持最低净推荐值得分 ×× ■ 续订 ×× 的年度经常性收入

目标 （Objective）	**净推荐值从 ×× 增加到 ××** 最贴近客户者获胜。让我们集中讨论如何改善当前和未来客户的体验。
关键结果 （Key Results）	■ 获得 ×× 个客户对产品改进的反馈 ■ 对活跃客户进行 ×× 次电话采访 ■ 对至少 ××%的流失客户进行电话采访 ■ 识别并与 ×× 位新产品倡导者建立联系 ■ 添加 ×× 条新文章到帮助中心

2.3 客户支持部经理

目标 （Objective）	**每天指导你的客户支持代表** 选择正确的 KPI 可以帮助你的团队聚焦，但是如果没有正确的指导，你就无法提高客户的业绩。每天花时间来提升团队绩效，并教给代表新的技能和行为，从而促成其成功。但是请记住，教练和反馈应该是有机的，你不需要正式的一对一谈话或会议来强化行为。
关键结果 （Key Results）	■ 同所有直接管理的下属安排定期的一对一会议 ■ 每月填写 × 个代表记分卡 ■ 就 × 个代表的互动留下详细且可行的反馈 ■ 每天结束时查看团队 ××%的结账绩效指标 ■ 通过本月 ×× 次共享来养成提供即时反馈共享的习惯 ■ 每月与团队中的每个成员共进午餐、喝咖啡或计划休息时间 ■ 每天分享你的胜利和他人的认可 ■ 每天拨打电话中有 ××%认为是优质的对话

目标 （Objective）	**选择代表可控制的指标** 有些指标是出色的"呼叫中心"指标，但不一定是出色的"座席"指标，因为你的"座席"无法直接影响它们。相反，如果仅关注效率指标（如平均处理时间），则由于支持人员急于改进基于时间的指标，你的总体互动质量可能会受到影响。不仅要把速度放在首位，还要在效率与客户质量指标以及团队敬业度指标之间取得平衡。
关键结果 （Key Results）	■ 平衡效率指标（如平均处理时间和等待时间）与质量指标（如客户满意度和首次呼叫解决率），并为每个代表设置个性化的OKR ■ 设置和衡量 × 个员工至上的指标，例如本季度每个代表的培训投资和转移率（除标准 KPI 之外） ■ 每周围绕客户工作量设置 × 个目标，并在 × 周内跟踪重复致电的次数，以优先考虑本季度的长期客户成果 ■ 向领导团队提供 × 个概述，了解你的运营在季度末如何影响代理人和客户的情绪（使用定性数据和定量数据的组合） ■ 为你的团队启动员工调查计划，并每月测量代表的情绪

目标 （Objective）	**提高客户满意度分数** 提高客户支持团队的效率和效力，以帮助客户获得快速且持久的解决方案，从而带来更高的幸福感和更好的品牌宣传。
关键结果 （Key Results）	■ 选择 × 项手动座席任务以实现自动化 ■ 将首次联系的解决率提高 ×％ ■ 亲自跟进 × 项正面和负面的客户满意度调查，以了解你的团队的工作状况以及改进的方面 ■ 实施回访程序，以便客户可以保持自己的位置，而不必在本季度末依旧被搁置 ■ 每月对重复呼叫者的数量进行分析，以查看引发重复呼叫的原因，并在内部进行工作以解决前 × 个问题

2.4 客户支持部专员

目标 （Objective）	**尽力获取客户支持并利用这些知识来使公司受益** 俗话说"最贴近客户者胜"。要确保我们在提供客户支持方面做得很出色，并通过在内部为客户发声，增加与客户的对话的影响。
关键结果 （Key Results）	■ 在第一个月期间，保持对讲机（支持系统）的卓越 / 良好 ＞ × × ％ ■ 在第二个月期间，保持对讲机（支持系统）的卓越 / 良好 ＞ × × ％ ■ 在第三个月期间，保持对讲机（支持系统）的卓越 / 良好 ＞ × × ％ ■ 在员工大会中分享 × 个短于 × 分钟的客户呼叫，该呼叫可以产生预期的影响（即：我们知道我们试图通过呼叫传达的信息，并且当我们问到之后的人时，他们能够记得关键点）

目标 （Objective）	**改善我们的客户知识库** 确保我们的知识库 / 帮助中心为客户提供有关 × × 公司所需的所有信息。从文档到视频，确保我们能够在帮助中心内回答客户的常见问题。
关键结果 （Key Results）	■ 查看并更新我们的帮助中心中的 × 篇文章，以解决产品更改问题 ■ 每季度有 × 位客户提出类似问题时，都要创建一个帮助文档 ■ 根据发现的差距创建 × × 个新的帮助文档 ■ 与产品部门合作，以在新功能发布之前为它们创建帮助文档

目标 （Objective）	**本季度将客户满意度平均水平从 × × %提高到 × × %** CSAT 是客户满意度的简称，是一种常用的 KPI，用于跟踪客户对公司的产品和服务的满意程度，确保为每个客户提供最佳体验。
关键结果 （Key Results）	■ 确保 × × %的邮件是个性化的（即使用客户的姓名，引用个人信息等） ■ 将第一次响应的等待时间从 × 小时减少到 × × 分钟 ■ 将工程团队的工单升级减少 × × % ■ × %的客户满意度评分、评论包含服务质量投诉

目标 （Objective）	**成为产品专家** 作为面对客户的人，重要的是你对我们的产品有深刻的了解，以更好地为我们的客户服务。成为我们产品的狂热用户还可以帮助你更好地了解我们的客户的价值。
关键结果 （Key Results）	■ 与产品经理每月举行 × 次同侪会议 ■ 本季度编写有关 × 个新功能的帮助文档 ■ 审阅 × × 个现有帮助文档，以确保它们与当前产品功能相匹配，并保持更新 ■ 与团队分享来自 × 位客户的宝贵反馈，以帮助改进我们的产品

2.5 客户管理部总监

目标 （Objective）	以客户为中心 通过客户反馈驱动你的产品和工程团队，确保你的团队专注于正确的事情。充当客户的内部声音，以确保客户的反馈推动业务成果。
关键结果 （Key Results）	■ 每月与 ×× 位新客户取得联系，以收集有关产品 / 服务的反馈 ■ 每月与 ×× 个客户联系，以提供改进产品 / 服务使用的建议 ■ 每月向工程团队提供 × 点客户反馈，以评论和确定应讨论的问题的优先级

目标 （Objective）	练习成为一个卓越的经理人
关键结果 （Key Results）	■ 将人员置于流程之上（例如，给团队成员写 × 张手写卡以庆祝达成目标） ■ 将行动置于分析之上（例如，将"构建－测量－学习"这一周期缩短 × 周） ■ 将绩效置于考勤之上（例如，确保每个团队成员都记录了 OKR，并按计划参加会议） ■ 倾听重于宣讲（例如，公司中 ××% 以上的议程来自直接下属） ■ 意愿重于技能（例如，与你的团队进行每月一次的辅导课程）

目标 （Objective）	**提高你的管理技能** 优秀的管理人员可以保持团队敬业度、高绩效并留住人才。即使你已经是一位出色的经理，也总有改进的余地。让我们齐心协力，继续倾听，学习和发展我们的管理技能，并建立一种分享和对反馈采取行动的文化。
关键结果 （Key Results）	■ 每月向每个直接下属至少提供 × 条可行的反馈意见 ■ 每月从每个直接下属处至少获得 × 条可行的反馈意见 ■ 每月同每个直接下属至少要进行 × 次职业对话 ■ 本季度与 × 位管理教练 / 导师会面 ■ 在季度末根据员工的反馈采取行动并与团队一起检查进度

目标 （Objective）	**成功举办客户"高管业务回顾"** 为中端市场客户实施思虑周到且定义明确的高管业务评估，以扩大规模并提高客户满意度。
关键结果 （Key Results）	■ 每个客户管理经理每季度举行 ×× 个高管业务回顾 ■ 每个客户管理经理每季度从高管业务回顾中产生 × 次加售 ■ ××%的高管业务回顾中达到 5 星级满意度（通过调查测得）

目标 （Objective）	**维持和改善客户成功活动** 为团队提供成功和实现全公司目标所需的支持。
关键结果 （Key Results）	■ 成功导入 ×× 位新客户 ■ 协助进行 × 次培训 ■ 在支持队列中保持最多 24 小时的响应时间 ■ 客户调研中保持超过 ××%的得分为"绿色"

目标 （Objective）	优化和改善客户生命周期 贴近客户者取胜，完善并创建个性化的客户旅程。
关键结果 （Key Results）	■ 审查和修改客户旅程 ■ 优化整个客户旅程中的 KPI／倾听点（例如，产品指标、客户满意度等） ■ 概述客户旅程中的干预点 ■ 定义客户并将其细分为 × 个子旅程

2.6 客户管理部副总裁

目标 （Objective）	练习成为一个卓越的经理人
关键结果 （Key Results）	■ 将人员置于流程之上（例如，给团队成员写 × 张手写卡以庆祝达成目标） ■ 将行动置于分析之上（例如，将"构建－测量－学习"这一周期缩短 × 周） ■ 将绩效置于考勤之上（例如，确保每个团队成员都记录了 OKR，并按计划参加会议） ■ 倾听重于宣讲（例如，公司中 ××% 以上的议程来自直接下属） ■ 意愿重于技能（例如，与你的团队进行每月一次的辅导课程）

目标 （Objective）	在整个团队中实施新的一对一计划，以促进经理与其直接下属之间更好地沟通 一对一是建立信任、分享反馈和与每个团队成员互动的好机会；一对一提供了一个专门的时间和地点来讨论一切从路障到职业抱负，使他们独当一面。
关键结果 （Key Results）	■ 选择一对一的会议平台 ■ 选择未来 × 个月的 1~× 个主题供团队改进（即成长、沟通、激励） ■ 与所有人员管理者会面，介绍概念并讨论主题 ■ 将概念介绍给整个团队，并确保每个经理与其直接下属安排会议 ■ 确保每个经理在每一个与主题相关的一对一会议中都会提出发人深省的问题 ■ 每个月与你的经理核实，以确保没有取消任何一对一会议，并且只因假期或紧急情况而重新安排 ■ 本季度阅读一本关于沟通或提问的书

目标 （Objective）	了解是什么打动我们的客户，并将其应用到我们的客户管理实践中 建立一种文化，让客户管理部经理分析客户流失，分享他们的经验并将其应用于未来的客户。鼓励客户管理部经理在整个组织中共享此反馈的环境。
关键结果 （Key Results）	■ 至少对 ××% 的企业客户进行事前分析，以便我们可以预测可能存在的威胁并提前采取行动 ■ 每月举行一次会议，每个客户管理部经理都会就至少一个客户问题或工作流问题以及他们如何解决这些问题提出建议 ■ 指定 × 个客户管理部经理在每个演示日或公司员工大会展示调查结果 ■ 为至少 ××% 流失的企业客户运行复盘 ■ 为至少 ××% 的企业客户运行季度商业回顾

目标 （Objective）	**提高你的管理技能** 优秀的管理人员可以保持团队敬业度、高绩效并留住人才。即使你已经是一位出色的经理，也总有改进的余地。让我们齐心协力，继续倾听，学习和发展我们的管理技能，并建立一种分享和对反馈采取行动的文化。
关键结果 （Key Results）	■ 每月向每个直接下属至少提供 × 条可行的反馈意见 ■ 每月从每个直接下属处至少获得 × 条可行的反馈意见 ■ 每月同每个直接下属至少要进行 × 次职业对话 ■ 本季度与 × 位管理教练 / 导师会面 ■ 在季度末根据员工的反馈采取行动并与团队一起检查你的进度

目标 （Objective）	**激发整个公司的客户成功** 成为我们空间中最受客户驱动的公司。
关键结果 （Key Results）	■ 制定并启用公司范围内的轮换支持职责 ■ 在本季度培训并安排 ×× % 的非客户服务员工在客户支持岗位轮值 ■ 在全公司范围内分享 ×× 个客户案例（获胜 / 失败） ■ 将营销团队与 ×× 个客户联系起来进行访谈 ■ 将产品团队与 ×× 个客户联系起来以获得产品洞察力和反馈 ■ 将销售团队与 ×× 个客户联系起来以获取潜在客户推介故事 ■ 推动公司范围内理想客户的定义

目标 （Objective）	**提高客户管理组织的规模和效率** 用有助于我们有效扩展规模的流程来武装团队。
关键结果 （Key Results）	■ 每个客户管理部经理管理的客户数增加 ×× % ■ 每个客户支持部代表管理的合同量增加 ×× % ■ 将可用的推荐和案例研究增加 ×× %

目标 （Objective）	建立并领导世界一流的客户管理团队 快乐、高效的客户管理团队可以创造更好的客户。
关键结果 （Key Results）	■ 招聘经验丰富的领导者担任 × 个职能职位 ■ 雇用 × 位表现出色的个人贡献者 ■ 将客户管理部经理的启动时间减少 ×× % ■ 确保 ×× 会议达到 ×× %或更高的评级 ■ 为团队中的每个成员设置至少 × 个专业发展目标

目标 （Objective）	衡量客户管理团队的有效性 概述管理的面貌，使你的团队保持一致。
关键结果 （Key Results）	■ 按细分定义 / 优化团队的运营指标 ■ 完善 / 建立跟踪客户指标的系统 ■ 每 × 周进行一次有效的客户审查会议 ■ 每周向高管团队和公司报告指标的子集

目标 （Objective）	维持和改善客户管理活动 为团队提供管理和实现全公司目标所需的支持。
关键结果 （Key Results）	■ 成功导入 ×× 位新客户 ■ 协助进行 × 次培训 ■ 在支持队列中保持最多 24 小时的响应时间 ■ 客户调研中保持超过 ×× % 的得分为"绿色"

3. 工程部 / 研发部

3.1 后端工程师

目标 （Objective）	继续积累你的技术知识 你的技术技能是强大的工程团队的基础，我们希望看到你将这些技能发展成为强大的团队成员。
关键结果 （Key Results）	■ 本季度将查询加载时间减少 ××% ■ 迁移应用程序接口以使用 ×× 引擎 ■ 重构整体代码以将其分解为更多的模块化部分（即更好的设计模式、微服务等） ■ 与 API 团队一起举办 × 个有关相关技术的研讨会

目标 （Objective）	提高你的沟通和指导技能 开发世界一流的产品并不是一个单打独斗的计划。成功的工程师知道与同行、产品团队和其他业务部门合作的重要性。
关键结果 （Key Results）	■ 提供一个关于后端主题的学习 ■ 就你当前使用的语言或流程写一篇博客文章 ■ 入职并培训一名新的后端工程师，以帮助他们在本季度更快地发展技能 ■ 在本季度每两周一次的一对一会议中指导团队的初级后端工程师

目标 （Objective）	**提高后端代码质量** 客户喜欢的高质量产品从每一行代码开始。确保我们维持最强的代码质量为其余业务定下基调，并有助于避免问题。
关键结果 （Key Results）	■ 在本季度的第一个月底之前，将集成测试引入代码中 ■ 到本季度末，将应用程序接口应用于监控系统 ■ 本季度重构至少 × 个查询问题

3.2 首席技术官

目标 （Objective）	**确保技术领导者成功** 我们的领导者是否拥有有效管理团队所需的知识和支持？以身作则，着重于树立领导才能的文化。
关键结果 （Key Results）	■ 100%保留经验丰富的技术领导者 ■ 本季度将为所有副总裁和总监级别的领导者开展有效的领导力培训 ■ 所有工程 1∶1 的会议评级为 ××%以上

目标 （Objective）	**确保技术团队运营成功** 为了确保工程团队的成功，我们要拥有适当的技术和程序以减少摩擦并简化和 / 或自动化过程。
关键结果 （Key Results）	■ 产品开发过程定义明确，产品、工程和运营等部门之间的沟通清晰明了 ■ ××%的产品可交付成果按时，按范围且在预算范围内 ■ ××%的必要合规性和法规要求均得到确定并遵循

目标 （Objective）	**提高你的管理技能** 优秀的管理人员可以保持团队敬业度、高绩效并留住人才。即使你已经是一位出色的经理，也总有改进的余地。让我们齐心协力，继续倾听，学习和发展我们的管理技能，并建立一种分享和对反馈采取行动的文化。
关键结果 （Key Results）	■ 每月向每个直接下属至少提供 × 条可行的反馈意见 ■ 每月从每个直接下属处至少获得 × 条可行的反馈意见 ■ 每月同每个直接下属至少要进行 × 次职业对话 ■ 本季度与 × 位管理教练 / 导师会面 ■ 在季度末根据员工的反馈采取行动并与团队一起检查进度

目标 （Objective）	**建立并领导一流的工程团队** 要打造世界一流的产品，我们需要拥有世界一流的团队。让我们取得这些关键成果，并为我们的中层管理人员配备他们所需的工具和知识，以确保我们为实现这一诺言而付出努力。
关键结果 （Key Results）	■ 与中层管理人员每月举行一次教练课程，以提高他们的管理技能 ■ 与你的团队成员每周举行一对一对话 ■ 记录并跟踪实现专业发展目标的进度，同时密切关注团队士气 ■ 在 × 月 × 日之前聘请 × × 工程师 ■ 在本季度进行 × 次工程部范围内的团队建设活动 ■ 确保按时交付高质量的工程发布

3.3 开发运维

目标 （Objective）	**确保定期扫描你的应用程序是否存在漏洞** 自动扫描已知或常见漏洞可以保护我们免受许多简单的安全漏洞的侵害，确保保持系统安全性为最新。
关键结果 （Key Results）	■ 研究代码管道工具、扫描你的代码库以解决安全问题，这些问题解决了冲刺周期内的编码实践以及语言和模块依赖性 ■ 研究容器扫描工具，这些工具可在冲刺周期内验证容器映像包和配置 ■ 在冲刺周期内集成适合你的安全要求的代码管道工具 ■ 集成容器扫描工具，并在冲刺周期内至少每周安排一次定期扫描

目标 （Objective）	**确保你的内部网络针对网络漏洞进行了加固** 审核你的网络，以确保在冲刺周期内只能从外部网络访问公共端点。
关键结果 （Key Results）	■ 实施防火墙和负载平衡器解决方案，以确保仅在一个冲刺周期内可从外部网络访问 ×× % 的公共端点 ■ 调查并实施一项服务，以在冲刺周期内扫描你的公共端点是否存在网络漏洞

目标 （Objective）	**通过实施 ×× 缓解解决方案来确保你的网络免受 ×× 计算机病毒攻击** 在过去的 12 个月中，超过 1／3 的相关企业遭受了 ×× 计算机病毒攻击。让我们确保在下一个病毒击中我们之前，我们能够保护自己。
关键结果 （Key Results）	■ 分析你的应用程序，以确定你是否可以在冲刺周期内使用基于 ×× 或基于代理的 ×× 解决方案 ■ 在下一个冲刺周期内按价格和技术要求比较解决方案 ■ 在下一个冲刺周期内配置并启用 ×× 解决方案

目标 （Objective）	**实施趋势系统以监视关键的时间序列基础结构数据** 为了保持敏捷并根据需要扩展我们的系统，我们首先需要了解我们系统内的趋势。
关键结果 （Key Results）	■ 在冲刺周期内研究、讨论和选择诸如普罗米修斯或格拉法纳之类的趋势系统 ■ 在冲刺周期中安装、配置和熟悉系统 ■ 确定正在使用的关键数据存储技术，并在所有实例上配置数据收集器，以在冲刺周期内充分发挥数据存储技术的全部趋势 ■ 确定次要关键系统，并在每个冲刺周期中至少实施 1 个 ■ 到季度末达到 ××% 的覆盖率

目标 （Objective）	**通过基本协议检查，确保在冲刺周期内 100% 的关键公共端点受到监视和警报** 如果我们的系统存在问题，请确保我们是第一个了解此问题的人。
关键结果 （Key Results）	■ 到本季度末，枚举 ××% 的关键公共端点 ■ 选择适合你的需求和价格的监控服务 ■ 为每个端点配置基本协议监视器 ■ 配置应召轮换，每个团队成员负责在 × 周内接收严重的停机警报

目标 （Objective）	**缩短两次修复之间的交付时间** 破裂会发生。错误会发生。但是，请确保我们已设置相关程序以便为团队快速解决问题，以便我们提供出色的经验。
关键结果 （Key Results）	■ 采用冲刺周期 ■ 分类并标记冲刺周期中故事 / 问题的类型 ■ 制定政策以确保故事点总数的 ××% ~ ××% 是错误修复

目标 （Objective）	**平均恢复时间更快** 当事情失败或破裂时，我们要快速修复问题。让我们努力在本季度末改善我们的平均恢复时间。
关键结果 （Key Results）	■ 建立恢复代码发布的过程，以在 1 个冲刺周期内中断生产 ■ 在 1 个冲刺周期内实现流程自动化 ■ 在 1 个冲刺周期内触发流程集成到构建管道中

目标 （Objective）	**降低新版本的失败率** 我们的团队不断发布新功能、部署错误修复程序等。请确保随着版本的增加，我们专注于降低当前的故障率。
关键结果 （Key Results）	■ 确保在一个季度内使用现代化的待完成工作排期技术构建你的代码版本 ■ 在冲刺周期内将 1 种类型的代码测试集成到待完成工作排期中 ■ 每个冲刺周期都会分析代码测试结果，并将一个指标提高 ××%

目标 （Objective）	**提高部署频率** 高绩效的技术团队会经常且充满信心地进行部署。让我们加强频繁部署的力量，以确保步伐和信心保持较高水平。
关键结果 （Key Results）	■ 设置强制部署的策略，而不考虑将来的版本 ■ 每周部署 1 次 ■ × 周后，每天部署 1 次

目标 （Objective）	在团队之外改善你的网络 在这里工作的都是卓越的人才，你应该与他们见面。与你的团队之外的人接触，以扩大你的网络，并从属于我们公司的人员的不同角度听取他们的意见。
关键结果 （Key Results）	■ 与团队外部的 × 名以上的工程师、质量保证人员或项目经理共进午餐或喝咖啡 ■ 与团队之外的至少 × 位工程师、质量保证或项目经理一对一地开会 ■ 开展创新 ×× % 的时间项目，其中团队外至少包括 × 个高级工程师 ■ 加入专注于我们工作堆栈中某些内容的在线社区

目标 （Objective）	继续积累你的技术知识 通过向他人学习，在本季度中花费一些时间来积累你的技术知识。
关键结果 （Key Results）	■ 阅读 × 本技术书籍 ■ 参加 × 门技术课程 ■ 参加 × 个技术会议

目标 （Objective）	为我们的团队实施 ×× 系统 当问题出现时，开发运营工程师将被要求采取行动以浏览日志，使用监视器和警报以解决问题。在成功的开发运营工程师堆栈中，应用程序级工具至关重要，应在本季度实施。
关键结果 （Key Results）	■ 在堆栈需求和成本容限范围内，针对监控需求研究 × 种潜在解决方案 ■ 对选项进行社交，并在高级团队成员和领导层之间达成协议 ■ 实施和部署解决方案 ■ 培训团队成员并指导他们成功使用新的监控系统

目标 （Objective）	**提高产品的数据安全性和整合度** 信息安全对企业非常重要，在开发的早期阶段常常被忽略。确保我们从裸机开始就拥有一流的产品体验，首先要保护我们的数据。
关键结果 （Key Results）	■ 通过执行冷启动恢复测试来确保成功的数据恢复操作 ■ 进行季度代码扫描和渗透测试，并与工程部领导共享报告 ■ 在我们的登台环境中对××个并发用户执行负载测试，并与工程主管共享报告 ■ 确保××工具的软件许可与用法匹配，以减少超支 ■ 连续两个季度实现××%的正常运行时间系统可用性

目标 （Objective）	**提高应用效率** 我们的代码只能以其运行的硬件和支持系统的速度运行。通过使我们的工具与最新的补丁程序和版本更新保持最新，确保我们从××的努力中受益。
关键结果 （Key Results）	■ 针对生产中所有服务器端依赖项的更新到最新的××版本 ■ 修改××路由规则以提高××吞吐速度 ■ 执行缓存高流量服务端点的基准测试

3.4 工程部总监

目标 （Objective）	成为一个卓越的经理人
关键结果 （Key Results）	■ 将人员置于流程之上（例如，给团队成员写 × 张手写卡以庆祝达成目标） ■ 将行动置于分析之上（例如，将"构建 – 测量 – 学习"这一周期缩短 × 周） ■ 将绩效置于考勤之上（例如，确保每个团队成员都记录了 OKR，并按计划参加会议） ■ 倾听重于宣讲 ■ 意愿重于技能（例如，与你的团队进行每月 × 次的辅导课程）

目标 （Objective）	以高产量和高质量执行 工程就在于完整性。完整性包括质量、及时性和效率。让我们集中精力在下一季度改善系统的完整性。
关键结果 （Key Results）	■ 团队的补丁率降至 ××%（或其他质量指标） ■ 所有新代码的单元测试覆盖率均为 ××% ■ 每个冲刺 × 个故事点的速度 ■ 每 × 周发布 × 次

目标 （Objective）	**提高你的管理技能** 优秀的管理人员可以保持团队敬业度、高绩效并留住人才。即使你已经是一位出色的经理，也总有改进的余地。让我们齐心协力，继续倾听，学习和发展我们的管理技能，并建立一种分享和对反馈采取行动的文化。
关键结果 （Key Results）	■ 每月向每个直接下属至少提供 × 条可行的反馈意见 ■ 每月从每个直接下属处至少获得 × 条可行的反馈意见 ■ 每月同每个直接下属至少要进行 × 次职业对话 ■ 本季度与 × 位管理教练／导师会面 ■ 在季度末根据员工的反馈采取行动并与团队一起检查进度

目标 （Objective）	**确保团队做出合理的技术决策** 为了继续以高开发速度构建可扩展且安全的产品，我们必须确保今天做出的技术决策将对我们良好地发展。我们的目的是使我们的工程师能够做出尽可能多的决策，但是我们需要确保它们是适合企业的正确决策。
关键结果 （Key Results）	■ 更新工程开发流程，以便在活跃的工作冲刺之前进行研究尖峰 ■ 每个大中型项目都有与交付成果相关的详细研究峰值 ■ 高级工程团队成员接受有关敏捷冲刺实践（包括适当的技术研究实践）的培训 ■ 每个研究峰值都会由另一个工程团队进行审查，以确保完整性和有效性 ■ 项目的后期开发文档是彻底而准确的

目标 （Objective）	**建立世界一流的工程团队** 要打造世界一流的产品，我们需要拥有世界一流的团队。让我们达成这些关键成果，以确保我们正在努力实现这一承诺。
关键结果 （Key Results）	■ 每周与你的团队成员进行一对一会议，记录并跟踪实现专业发展目标的进度，并密切关注团队士气 ■ 在 × 月 × 日之前面试 × × 个工程候选人 ■ 在 × 月 × 日之前雇用和聘用 × × 工程师 ■ 在 × 月 × 日之前计划季度团队建设活动 ■ 保留 × ×%的高质量工程团队

3.5 工程经理

目标 （Objective）	**练习成为一个卓越的经理人**
关键结果 （Key Results）	■ 将人员置于流程之上（例如，给团队成员写 × 张手写卡以庆祝达成目标） ■ 将行动置于分析之上（例如，将"构建 – 测量 – 学习"这一周期缩短 × 周） ■ 将绩效置于考勤之上（例如，确保每个团队成员都记录了 OKR，并按计划参加会议） ■ 倾听重于宣讲 ■ 意愿重于技能（例如，与你的团队进行每月一次的辅导课程）

目标 （Objective）	**以高产量和高质量执行** 工程就在于完整性。完整性包括质量、及时性和效率。让我们集中精力在下一季度改善我们系统的完整性。
关键结果 （Key Results）	■ 团队的补丁率降至 ××%（或其他质量指标） ■ 所有新代码的单元测试覆盖率均为 ××% ■ 每个冲刺 × 个故事点的速度 ■ 每 × 周发布 × 次

目标 （Objective）	**提高你的管理技能** 优秀的管理人员可以保持团队敬业度、高绩效并留住人才。即使你已经是一位出色的经理，也总有改进的余地。让我们齐心协力，继续倾听，学习和发展我们的管理技能，并建立一种分享和对反馈采取行动的文化。
关键结果 （Key Results）	■ 每月向每个直接下属至少提供 × 条可行的反馈意见 ■ 每月从每个直接下属处至少获得 × 条可行的反馈意见 ■ 每月同每个直接下属至少要进行 × 次职业对话 ■ 本季度与 × 位管理教练 / 导师会面 ■ 在季度末根据员工的反馈采取行动并与团队一起检查进度

目标 （Objective）	**指导和发展你的团队** 高绩效的团队从高绩效的教练开始。让我们集中精力提高下个季度的团队效率，并确定应该晋升的团队成员。
关键结果 （Key Results）	■ 将冲刺能力提高 ××% ■ 使单个开发人员的代码审查周转时间缩短 ××% ■ 帮助提升 × 位直接下属到他们的职业发展历程中的新水平

目标 （Objective）	**保持健康的积压工作量** 作为工程主管，你需要确保你的团队正在为业务做正确的事情，并且你的团队总是有事做。
关键结果 （Key Results）	■ 每 × 周与工程和产品负责人进行一次交流，以确保对即将进行的项目进行相应的优先排序 ■ 删除已取消优先级的旧项目 ■ 确保有 × 个月的计划工作准备就绪

目标 （Objective）	**建立一支由高绩效工程师组成的团队** 你的水平是与你在一起最多的 5 个人的平均值。通过帮助你的队友提高其作为工程师和高绩效个人的技能，提高平均水平的质量。
关键结果 （Key Results）	■ 本季度参加 × 次技术聚会以寻找人才 ■ 本季度雇用 × 名初级至中级工程师 ■ 本季度与每位工程师一起进行表现评估签到 ■ 培养整个团队不断进行双向反馈的文化

目标 （Objective）	**确保你团队的技术卓越** 强大的工程团队的基础在于他们的技术能力。
关键结果 （Key Results）	■ 项目所有可交付成果已完成 ■ 技术文件完整准确 ■ 高优先级的错误已修复 ■ 一季度完成承诺故事点的 × × %

3.6 初级软件工程师

目标 （Objective）	**提高 ×× 语言的编程技巧** 在本季度，让我们花些时间学习新的编程语言，以增强你的技术技能。
关键结果 （Key Results）	■ 使用包括 ×× 语言在内的语言开发程序的至少 × 种功能 ■ 参加并通过关于 ×× 语言的 × 门在线课程 ■ 读一本关于 ×× 语言的书

目标 （Objective）	**继续积累你的技术知识** 通过向他人学习，在本季度中花费一些时间来积累你的技术知识。
关键结果 （Key Results）	■ 阅读 × 本技术书籍 ■ 学习 × 门技术课程 ■ 参加 × 次技术会议

目标 （Objective）	**完成团队编码入门准备** 让我们以从第一天起就为成功做好准备的方式加入团队。在你与人事部门和其他部门一起做的所有事情之外，这些都是工程团队的入职流程的一部分。
关键结果 （Key Results）	■ 通过培训平台上的编程语言测评 ■ 观看新员工介绍 ■ 完成所有编程教程 ■ 至少完成 1 张涉及数据库更改的故障单 ■ 至少完成 1 张前端工单 ■ 至少完成 1 张后端工单

3.7 高级工程经理

目标 （Objective）	练习成为一个卓越的经理人
关键结果 （Key Results）	■ 将人员置于流程之上（例如，给团队成员写 × 张手写卡以庆祝达成目标） ■ 将行动置于分析之上（例如，将"构建－测量－学习"这一周期缩短 × 周） ■ 将绩效置于考勤之上（例如，确保每个团队成员都记录了 OKR，并按计划参加会议） ■ 倾听重于宣讲 ■ 意愿重于技能（例如，与你的团队进行每月一次的辅导课程）

目标 （Objective）	**以高产量和高质量执行** 工程就在于完整性。完整性包括质量、及时性和效率。让我们集中精力在下一季度改善系统的完整性。
关键结果 （Key Results）	■ 团队的补丁率降至 ××%（或其他质量指标） ■ 所有新代码的单元测试覆盖率均为 ××% ■ 每个冲刺 × 个故事点的速度 ■ 每 × 周发布 × 次

目标 （Objective）	**提高你的管理技能** 优秀的管理人员可以保持团队敬业度、高绩效并留住人才。即使你已经是一位出色的经理，也总有改进的余地。让我们齐心协力，继续倾听，学习和发展我们的管理技能，并建立一种分享和对反馈采取行动的文化。
关键结果 （Key Results）	■ 每月向每个直接下属至少提供 × 条可行的反馈意见 ■ 每月从每个直接下属处至少获得 × 条可行的反馈意见 ■ 每月同每个直接下属至少要进行 × 次职业对话 ■ 本季度与 × 位管理教练 / 导师会面 ■ 在季度末根据员工的反馈采取行动并与团队一起检查进度

目标 （Objective）	**指导和发展团队** 所有高绩效团队都有教练。为了使我们的团队保持最佳状态，我们必须专注于指导和发展每个队员
关键结果 （Key Results）	■ 将冲刺能力提高 × × % ■ 确保燃尽图的每个冲刺点向下倾斜 ■ 使单个开发人员的代码审查周转时间缩短 × × % ■ 帮助提升一位直接下属到他们的职业发展历程中的新水平

目标 （Objective）	**建立一支由高绩效工程师组成的团队** 你的水平是与你在一起最多的 5 个人的平均值。通过帮助你的团队提高其作为工程师和高绩效个人的技能，提高平均水平的质量。
关键结果 （Key Results）	■ 本季度参加 × 次技术聚会，以发现并吸引顶尖人才 ■ 本季度聘用 × 名中高级工程师 ■ 到本季度末，对你的每个直接报告进行绩效审查签到 ■ 确保工程团队没有成员绩效不佳 ■ 给你的每个直接下属安排每月的辅导课程

目标 （Objective）	**确保团队的技术水平** 强大的工程团队的基础在于他们的技术能力。让我们集中精力提高团队的技术水平。
关键结果 （Key Results）	■ 确保本季度平台基础架构的正常运行时间为 ××% ■ 完成基础架构到 ×× 的迁移 ■ 每个项目都应完成 ××% 的技术文档 ■ 确保每个团队成员都已完成 ×× 应用程序安全性评估

3.8 高级软件经理

目标 （Objective）	**在团队之外增强你的人脉** 在这里工作的都是卓越的人才，你应该与他们见面。与你的团队之外的人接触，以扩大你的网络，并从属于我们公司的人员的不同角度听取他们的意见。
关键结果 （Key Results）	■ 与团队外部的 × 名以上的工程师、质量保证人员或项目经理共进午餐或喝咖啡 ■ 与团队之外的工程师、质量保证或项目经理召开至少 × 次一对一会议 ■ 开展创新 ××% 的时间项目，其中至少包括 × 个团队外的高级工程师 ■ 加入专注于我们工作堆栈中某些内容的在线社区

目标 （Objective）	**继续积累你的技术知识** 通过向他人学习，在本季度中花费一些时间来积累你的技术知识。
关键结果 （Key Results）	■ 阅读 × 本技术书籍 ■ 学习 × 门技术课程 ■ 参加 × 次技术会议

目标 （Objective）	**提高代码质量** 客户喜欢的高质量产品从每一行代码开始。确保我们将最低的代码质量保持在最低水平以便为其余业务定下基调，并有助于减少问题。
关键结果 （Key Results）	■ 本季度修复 × 个关键重要级别的错误 ■ 对你以前从未接触过的产品区域进行 × 个主要重构 ■ 创建或修订本季度工作的每个功能的文档 ■ 将所有存储库中的单元测试用例覆盖率从 ××% 提高到 ××% ■ 将运行测试套件所需的总时间减少 ××%

目标 （Objective）	**成为你的团队需要的技术专家** 你已经证明了自己的技术能力，现在已经以身作则，并在可扩展和强化的基础架构上构建了世界一流的产品。
关键结果 （Key Results）	■ 将公关周转时间减少到少于 × 小时 ■ 本季度每个冲刺完成 × 个视频编辑软件 ■ 确保每个版本都按时交付并在可控范围内 ■ 确保本季度每个版本中引入的主要错误少于 × 个 ■ 提供有关拟议的主要基础架构变更的详细文档，以提高平台的可靠性 ■ 通过更新构建工具将本地开发效率提高 ××%

目标 （Objective）	**提高团队素质** 你的水平是与你在一起最多的 5 个人的平均值。通过帮助你的队友提高其作为工程师和高绩效个人的技能，提高平均水平的质量。
关键结果 （Key Results）	■ 在本季度末为管理层提供关于每位队友的 × 页反馈 ■ 在本季度为你的同龄人提供 × 个有关技术主题的培训课程 ■ 本季度与团队中的初级成员一起执行每个冲刺期的一对一会话 ■ 审查 × 个项目计划，并向该项目的首席工程师提供反馈

目标 （Objective）	增加你对平台的所有权以及与团队的协作 你是团队的重要组成部分，我们希望你对自己的工作拥有所有权，并成为同行的领导者。
关键结果 （Key Results）	■ 制定一个项目计划，以在本季度升级到我们开发框架的最新版本 ■ 确保所有核心软件包和依赖项都更新为最新的安全版本 ■ 利用午餐时间为工程团队提供学习课程，内容涉及你学到的新开发技术或主题 ■ 在本季度的每个冲刺中主动参与一次客户支持对话

3.9 软件工程师

目标 （Objective）	在团队之外增强你的人脉 在这里工作的都是卓越的人才，你应该与他们见面。与你的团队之外的人接触，以扩大你的网络，并从属于我们公司的人员的不同角度听取他们的意见。
关键结果 （Key Results）	■ 与团队外部的 × 名以上的工程师、质量保证人员或项目经理共进午餐或喝咖啡 ■ 与团队之外的工程师、质量保证或项目经理召开至少 × 次一对一会议 ■ 开展创新 ××% 的时间项目，其中至少包括 × 个团队外的高级工程师 ■ 加入专注于我们工作堆栈中的某些内容

目标 （Objective）	**向高级软件工程师迈进** 确保我们为你提供了实现职业生涯下一个目标所需的机会。这些关键成果将使你走上正确的道路，成为高级软件工程师。
关键结果 （Key Results）	■ 作为首席工程师完成 × 个项目 ■ 参加 ×× 名新员工的面试 ■ 在本季度成功指导 × 名实习生（或新员工） ■ 从 × 个人那里获得有关技术交流技能的积极反馈

目标 （Objective）	**提高工程主管技能** 职业生涯的下一步是从软件工程师转变为高级软件工程师。做到这一点所需的技能之一就是领导项目。让我们在本季度继续努力，以便你距离成为高级软件工程师更进一步。
关键结果 （Key Results）	■ 担任 × 个项目的首席工程师 ■ 成为所有规格和设计评论中的主要工程代表 ■ 完整的设计文档和所有项目的估算 ■ 项目修补率在 × ~ ×× %之间 ■ 在预算的 ×× %之内发布项目并进行验证

目标 （Objective）	**继续积累你的技术知识** 通过向他人学习，在本季度中花费一些时间来积累你的技术知识。
关键结果 （Key Results）	■ 阅读 × 本技术书籍 ■ 学习 × 门技术课程 ■ 参加 × 次技术会议

目标 （Objective）	**提高代码质量** 客户喜欢的高质量产品从每一行代码开始。确保我们将最低的代码质量保持在最低水平以便为其余业务定下基调，并有助于减少问题。
关键结果 （Key Results）	■ 本季度修复 × 个中级错误 ■ 在 × 月 × 日之前，将 ×× 项目上的代码覆盖率提高到 ××% ■ 重构最初未创建的 × 个代码区域 ■ 为本季度工作的每个功能创建和修订文档

目标 （Objective）	**提高你的沟通和协作能力** 开发世界一流的产品并不是一个单打独斗的计划。成功的工程师知道与同行、产品团队和其他业务部门合作的重要性。
关键结果 （Key Results）	■ 在 × 月 × 日之前查看我们的产品过程文档，以了解产品过程并改善你的异步项目管理实践 ■ 在本季度按时完成 ××% 的冲刺点，并就任何延迟或阻碍提供清晰的沟通 ■ 向客户管理团队介绍新产品功能

目标 （Objective）	**发挥你的技术能力** 你的技术技能是强大的工程团队的基础，我们希望看到你将这些技能发展成为强大的团队成员。
关键结果 （Key Results）	■ 按时、按范围构建和发布 × 个功能 ■ 将公关周转时间减少到少于 × 小时 ■ 本季度每个冲刺完成 × 个视频编辑软件 ■ 在 × 月 × 日之前完成 ×× 开发培训教程，以增进你对 ×× 设计原则的理解

3.10 质量保证工程师

目标 （Objective）	在我们的新版本中提高功能的质量
关键结果 （Key Results）	■ 在第二季度末找出 ×× 个错误 ■ 实施新的质量检查自动化工具和流程 ■ 确保在第三季度报告的严重错误不超过 × 个 ■ 第三季度回归为零

目标 （Objective）	保持敏捷流程
关键结果 （Key Results）	■ 创建和实施工作流程图 ■ 安装新的迁移字段 ■ 创建知识库文档

3.11 工程部副总裁

目标 （Objective）	成为一个卓越的经理人
关键结果 （Key Results）	■ 将人员置于流程之上（例如，给团队成员写 × 张手写卡以庆祝达成目标） ■ 将行动置于分析之上（例如，将"构建 – 测量 – 学习"这一周期缩短 × 周） ■ 将绩效置于考勤之上（例如，确保每个团队成员都记录了 OKR，并按计划参加会议） ■ 倾听重于宣讲 ■ 意愿重于技能（例如，与你的团队进行每月 × 次的辅导课程）

目标 （Objective）	**以高产量和高质量执行** 工程就在于完整性。完整性包括质量、及时性和效率。让我们集中精力在下一季度改善系统的完整性。
关键结果 （Key Results）	■ 团队的补丁率降至 ××%（或其他质量指标） ■ 所有新代码的单元测试覆盖率均为 ××% ■ 每个冲刺 × 个故事点的速度 ■ 每 × 周发布 × 次

目标 （Objective）	**在整个团队中实施新的一对一计划，以促进经理与其直接下属之间更好地沟通**
关键结果 （Key Results）	■ 选择一对一的会议平台 ■ 选择未来 × 个月的 1~× 个主题供团队改进（即成长、沟通、激励） ■ 与所有人员管理者会面，介绍概念并讨论主题 ■ 将概念介绍给整个团队，并确保每个经理与其直接下属安排会议 ■ 确保每个经理在每一个与主题相关的一对一会议中都会提出发人深省的问题 ■ 每个月与你的经理核实，以确保没有取消任何一对一会议，并且只因假期或紧急情况而重新安排 ■ 本季度阅读一本关于沟通或提问的书

目标 （Objective）	**提高你的管理技能** 优秀的管理人员可以保持团队敬业度、高绩效并留住人才。即使你已经是一位出色的经理，也总有改进的余地。让我们齐心协力，继续倾听，学习和发展我们的管理技能，并建立一种分享和对反馈采取行动的文化。
关键结果 （Key Results）	■ 每月向每个直接下属至少提供 × 条可行的反馈意见 ■ 每月从每个直接下属处至少获得 × 条可行的反馈意见 ■ 每月同每个直接下属至少要进行 × 次职业对话 ■ 本季度与 × 位管理教练 / 导师会面 ■ 在季度末根据员工的反馈采取行动并与团队一起检查进度

目标 （Objective）	**建立并领导一流的工程团队** 要打造世界一流的产品，我们需要拥有世界一流的团队。让我们取得这些关键成果，并为我们的中层管理人员配备他们所需的工具和知识，以确保我们为实现这一诺言而付出努力。
关键结果 （Key Results）	■ 与中层管理人员每月举行一次教练课程，以提高他们的管理技能 ■ 与你的团队战员每周举行一对一会议 ■ 记录并跟踪实现专业发展目标的进度，同时密切关注团队士气 ■ 在 × 月 × 日之前聘请 ×× 工程师 ■ 在本季度进行 × 次工程部范围内的团队建设活动 ■ 确保工程版本发布的高质量并按时交付

4. 财务部

4.1 首席财务官

目标 （Objective）	**增加对财务预测的信心** 根据财务部社区成员的说法，更好的预测是你的首要目标。让我们集中精力提高对预测的信心。
关键结果 （Key Results）	■ 设定合理的预测节奏（即每月、每季度、每年），并在接下来的 12 个月中坚持使用 ■ 完成准确的预测：根据结果超出预测的 ××% 以内进行衡量 ■ 确定整个组织的 × 个关键增长抓手并与公司共享

目标 （Objective）	**瞄准实时数据** 诸如每月结账之类的过程意味着财务团队可能会在这两个结点之间处于盲目状态。我们是否可以立即获取所需的数据，而无须等待更新？
关键结果 （Key Results）	■ 更新 ××% 以上的支出方式，以便在本季度为我们提供即时数据，并在年底之前为我们提供 ××% 的数据 ■ 在本季度末实施仪表板软件 ■ 今年实施收入确认工具，以确保我们拥有最新的指标（即月度经常性收入，年度经常性收入等）

目标 （Objective）	**减少摩擦** 摩擦源于不断骚扰其他团队的需要，以及财务团队的大部分时间都浪费在数据输入和其他手动流程上。让我们找到使流程自动化并减少总体摩擦的方法。
关键结果 （Key Results）	确定目前导致发生摩擦的 × 个关键领域（如费用、采购、收据等） 确定 × 个可以自动化的流程并将其自动化 到今年年底，将 ××% 的纸质流程转换为数字流程

目标 （Objective）	**改善现金管理** 无论公司的财务状况如何，扎实地掌握我们的现金管理都非常重要。这个季度或今年，让我们集中精力改善现金管理。
关键结果 （Key Results）	■ 围绕现金流制定危机管理计划 ■ 确定并列出我们 ××% 的主要供应商，并与他们保持联系，沟通租金、服务器、库存等情况 ■ 确定 × 个短期优势（即锁定好交易，重新协商坏交易）

目标 （Objective）	**制定战略计划和预算以实现目标** 让我们通过制定一项计划，确保每支团队达到和超过目标的计划来确保明年成功。
关键结果 （Key Results）	■ 在 × 年 × 月 × 日之前收集高级管理层、创始人和董事会的意见 ■ 在 × 年 × 月 × 日之前与销售部讨论预订和收入目标并确认每月销售目标 ■ 在 × 年 × 月 × 日之前与营销部讨论并确认潜在线索目标 ■ 在 × 年 × 月 × 日之前与人力部讨论并确认招聘目标 ■ 在 × 年 × 月 × 日之前获得董事会对计划和预算的批准

目标 （Objective）	**建立并领导世界一流的财务团队** 建立一支协作有效的财务团队，并为团队中的每个人提供持续的指导机会。
关键结果 （Key Results）	■ 招聘经验丰富的领导者担任 × 个职能职位 ■ 雇用 × 位表现出色的个人贡献者 ■ 确保 ×× 在所有一对一和团队会议中的评分均达到 85% 或更高 ■ 为团队中的每个成员设置至少 × 个专业发展目标

目标 （Objective）	**向团队快速、真实地报告** 当世界变化时，世界上最好的计划也会被击败。让我们确保我们的团队在财务结果发生时保持与时俱进，以便团队可以根据需要进行调整。
关键结果 （Key Results）	■ 将每月结账的时间减少 ××% ■ 将 ××% 的费用报销移至数字提交 ■ ××% 每月更新在每月的 × 日按时发送

目标 （Objective）	**在整个团队中实施新的一对一计划，以促进经理与其直接下属之间更好地沟通** 一对一是建立信任、分享反馈和与每个团队成员互动的好机会；一对一提供了一个专门的时间和地点来讨论从路障到职业抱负的一切问题，使他们独当一面。
关键结果 （Key Results）	■ 选择一对一的会议平台 ■ 选择未来 × 个月的 1~× 个主题供团队改进（即成长、沟通、激励） ■ 与所有人员管理者会面，介绍概念并讨论主题 ■ 将概念介绍给整个团队，并确保每个经理与其直接下属安排会议 ■ 确保每个经理在每一个与主题相关的一对一会议中都会提出发人深省的问题 ■ 每个月与你的经理核实，以确保没有取消任何一对一会议，并且只因假期或紧急情况而重新安排 ■ 本季度阅读一本关于沟通或提问的书

目标 （Objective）	**提高你的管理技能** 优秀的管理人员可以保持团队敬业度、高绩效并留住人才。即使你已经是一位出色的经理，也总有改进的余地。让我们齐心协力，继续倾听，学习和发展我们的管理技能，并建立一种分享和对反馈采取行动的文化。
关键结果 （Key Results）	■ 每月向每个直接下属至少提供 × 条可行的反馈意见 ■ 每月从每个直接下属处至少获得 × 条可行的反馈意见 ■ 每月同每个直接下属至少要进行 × 次职业对话 ■ 本季度与 × 位管理教练 / 导师会面 ■ 在季度末根据员工的反馈采取行动并与团队一起检查进度

4.2 控制师

目标 （Objective）	**实现更快的月底结账** 让我们全年整理账簿并保持最新状态。这就是为什么对我们来说设定一个每月更快地结账的目标如此重要的原因。
关键结果 （Key Results）	■ 启用付款数据与总账的自动同步 ■ 在付款后一周内收集 ××% 以上的收据 ■ 将费用报销和收据的 ××% 数字化（不再需要纸张） ■ 发布公司范围内的公告，以确保每个人都了解未来交易的流程和规则 ■ 实施软件以帮助自动发现收据、信用卡、银行对账单中的错误和不一致之处 ■ 当交易或费用报销缺少关键数据时，使用软件可以自动通知 ××% 的员工

目标 （Objective）	**成为纪律严明的采购组织** 随着业务的扩展，所支付的工具费用、产品和服务将成倍增长。让我们在被不必要的费用淹没前先处理这些事情。
关键结果 （Key Results）	■ 开发和实施监视 ×× 用户许可证 / 费用的过程 ■ 将每月更新共享到功能单元中 ■ 通过协商付款条件来节省 ××% 的费用

目标 （Objective）	**没有戏剧化的工资支付** 在支付人员工资方面，我们从来不希望有任何问题。让我们在本季度、本年度和其余时间运行一个无懈可击的工资核算流程。
关键结果 （Key Results）	■ ××% 的时间准时发放工资 ■ ××% 的员工费用在 30 天之内支付 ■ 不到 × 周的佣金支付周转时间

目标 (Objective)	通过可扩展的增长过程保持应收账款的及时性 让我们更快（或至少准时）获得付款。
关键结果 (Key Results)	■ 本季度将未付应收账款减少 ××% ■ 将收到资金的时间缩短 ×× 天 ■ 为大多数客户配置自动催款流程

4.3 财务副总裁

目标 (Objective)	增加对财务预测的信心 根据财务部社区成员的说法，更好的预测是你的首要目标。让我们集中精力提高对预测的信心。
关键结果 (Key Results)	■ 设定合理的预测节奏（即每月、每季度、每年），并在接下来的 12 个月中坚持使用 ■ 完成准确的预测：根据结果超出预测的 ××%以内进行衡量 ■ 确定整个组织的 × 个关键增长抓手并与公司共享

目标 (Objective)	制定战略计划和预算以实现目标 让我们通过制定一项计划，确保每支团队达到和超过目标的计划来确保明年成功。
关键结果 (Key Results)	■ 在 × 年 × 月 × 日之前收集高级管理层、创始人和董事会的意见 ■ 在 × 年 × 月 × 日之前与销售部讨论预订和收入目标并确认每月销售目标 ■ 在 × 年 × 月 × 日之前与营销部讨论并确认潜在线索目标 ■ 在 × 年 × 月 × 日之前与人力部讨论并确认招聘目标 ■ 在 × 年 × 月 × 日之前获得董事会对计划和预算的批准

目标 （Objective）	**建立并领导世界一流的财务团队** 建立一支协作有效的财务团队，并为团队中的每个人提供持续的指导机会。
关键结果 （Key Results）	■ 招聘经验丰富的领导者担任 × 个职能职位 ■ 雇用 × 位表现出色的个人贡献者 ■ 确保 ×× 在所有一对一和团队会议中的会议评分均达到 ××%或更高 ■ 为团队中的每个成员设置至少 × 个专业发展目标

目标 （Objective）	**向团队快速、真实地报告** 当世界变化时，世界上最好的计划也会被击败。让我们确保我们的团队在财务结果发生时保持与时俱进，以便团队可以根据需要进行调整。
关键结果 （Key Results）	■ 将每月结账的时间减少 ××% ■ 将 ××%的费用报销移至数字提交 ■ ××%每月更新在每月的 × 日按时发送

目标 （Objective）	**带领我们的下一个筹款流程筹集 ×× 万美元** 公司的下一个转折点是确保我们获得下一轮资金。这一回合最终将推动我们实现超高速发展并推动业务发展。
关键结果 （Key Results）	■ 与首席执行官合作，在 × 年 × 月 × 日之前开发演示稿、财务指标和数据库 ■ 与 ×× 家投资公司会面并做介绍会 ■ 在 × 年 × 月 × 日和 × 年 × 月 × 日的 × 周内向 ×× 家公司争取投资机会 ■ 在 × 年 × 月 × 日之前为 ×× 家合格和感兴趣的公司开放数据库 ■ 在 × 年 × 月 × 日之前收到 × 个投资协议条款清单 ■ 管理尽职调查流程，以在 × 年 × 月 × 日之前完成 ■ 在 × 年 × 月 × 日之前完成融资并获得 ×× 万美元

目标 （Objective）	**在整个团队中实施新的一对一计划，以促进经理与其直接下属之间更好地沟通** 一对一是建立信任、分享反馈和与每个团队成员互动的好机会；一对一提供了一个专门的时间和地点来讨论从路障到职业抱负的一切问题，使他们独当一面。
关键结果 （Key Results）	■ 选择一对一的会议平台 ■ 选择未来 × 个月的 1~× 个主题供团队改进（即成长、沟通、激励） ■ 与所有人员管理者会面，介绍概念并讨论主题 ■ 将概念介绍给整个团队，并确保每个经理与其直接下属安排会议 ■ 确保每个经理在每一个与主题相关的一对一会议中都会提出发人深省的问题 ■ 每个月与你的经理核实，以确保没有取消任何一对一会议，并且只因假期或紧急情况而重新安排 ■ 本季度阅读一本关于沟通或提问的书

目标 （Objective）	**提高你的管理技能** 优秀的管理人员可以保持团队敬业度、高绩效并留住人才。即使你已经是一位出色的经理，也总有改进的余地。让我们齐心协力，继续倾听，学习和发展我们的管理技能，并建立一种分享和对反馈采取行动的文化。
关键结果 （Key Results）	■ 每月向每个直接下属至少提供 × 条可行的反馈意见 ■ 每月从每个直接下属处至少获得 × 条可行的反馈意见 ■ 每月同每个直接下属至少要进行 × 次职业对话 ■ 本季度与 × 位管理教练 / 导师会面 ■ 在季度末根据员工的反馈采取行动并与团队一起检查进度

5. 人力资源部

5.1 人力资源经理

目标 （Objective）	**更新薪酬和福利计划** 我们希望继续为我们的团队提供具有竞争力的薪水和福利。让我们对当前市场有更深入的了解，以确保我们保持竞争力并公平地付薪给我们的团队。
关键结果 （Key Results）	■ 对标当前整个行业的薪酬和福利 ■ 创建跨职能团队以确定并为团队采用最佳福利计划 ■ 建立和共享透明的薪酬范围 ■ 推出薪酬权益调整

目标 （Objective）	**增加专业发展机会** 吸引团队的最佳方法之一就是给他们足够的成长和发展机会。尽管这不完全取决于人力资源，但我们当然可以帮助创造更多的公司内部的增长机会。
关键结果 （Key Results）	■ 制定年度专业发展预算 ■ 在所有部门之间交流符合要求的教育和培训机会 ■ 向团队成员发送学习与发展调查，完成率为××% ■ 提供全公司技能评估培训 ■ 为所有人管理人员组织领导力教练培训

目标 （Objective）	**提高员工留用率** 员工离职率很高时，可能会给组织带来巨大的成本。让我们确保我们已采取措施以减少整个公司的自愿和非自愿雇员保留率。
关键结果 （Key Results）	■ 计算员工流失的年度成本 ■ 管理团队的主要福利调查，以评估需求和需要改进的地方 ■ 将年度人员流失率减少 ××% ■ 实现 ××%的离职访谈 ■ 研究并实施同伴认可方案

5.2 人力资源专员

目标 （Objective）	**确保多元化的候选人才池** 多元化程度更高的工作场所具有更多的创新性和盈利能力，并且通常具有更好的工作场所文化。让我们确保我们不仅吸引了各种各样的候选人，而且我们还采取了正确的措施来帮助我们实现这一目标。
关键结果 （Key Results）	■ 对用人部门经理进行 ×× 场最佳做法和要求的培训 ■ 研究并使用服务来识别职位描述中的非包容性语言 ■ 找到 × 个针对 ×× 候选人的新招聘渠道 ■ 在每月一次的全体会议上传达多样性目标和指标 ■ 聘请注重多样性的外部招聘顾问

目标 （Objective）	将员工敬业度从 ××% 提高到 ××% 一个敬业的团队可以提高工作效率，愉快工作，并最终为组织带来更多收入。让我们专注于建立一种重视开放式沟通、反馈、问责制的文化，这种文化最终会使人们对在这里工作感到兴奋。
关键结果 （Key Results）	■ 每月进行 × 次敬业度调查，以分析数据，改进和其他反馈 ■ 本季度与每位员工进行一对一的交流，以收集高质量的定性反馈 ■ 确定组织内需要改进的地方 ■ 举办全公司关于心理健康的学习会

5.3 招聘专员

目标 （Objective）	确保多元化的候选人才池 多元化程度更高的工作场所具有更多的创新性和盈利能力，并且通常具有更好的工作场所文化。让我们确保我们不仅吸引了各种各样的候选人，而且我们还采取了正确的措施来帮助我们实现这一目标。
关键结果 （Key Results）	■ 对用人部门经理进行 ×× 场最佳做法和要求的培训 ■ 研究并使用服务来识别职位描述中的非包容性语言 ■ 找到 × 个针对 ×× 候选人的新招聘渠道 ■ 在每月一次的全体会议上传达多样性目标和指标 ■ 聘请注重多样性的外部招聘顾问

目标 （Objective）	**增加候选人渠道** 让我们找到新的创意方式来增加候选渠道。这不仅可以帮助我们更快地填充职位，而且可以增加我们每次都能找到理想人选的机会。
关键结果 （Key Results）	■ 推荐奖金增加 ×× 美元 ■ 每个办公室的招聘地理范围增加 ×× 千米 ■ 与人力资源负责人和领导力团队合作，将搬迁津贴提高 ××% ■ 与市场营销部合作开展一场雇主品牌宣传活动 ■ 候选人数据库增加 ××%

目标 （Objective）	**改善应聘者的体验** 我们如何对待应聘者，无论他们是否获得聘用，对于我们的雇主品牌和我们在工作场所营造的文化至关重要。我们希望为每个进入招聘渠道的个人创造积极的体验。
关键结果 （Key Results）	■ 将平均招聘时间减少 ××% ■ 完成招聘手册 ■ 在下一次全体会议上与团队沟通招聘流程 ■ 将工作接受率提高 ××% ■ 将候选人面试回顾分数提高 × 分

5.4 人力资源副总裁

目标 （Objective）	创造卓越的企业文化 / 愉悦员工
关键结果 （Key Results）	■ 启动一项持续进行的双向闭环反馈过程 ■ 通过明确的 OKR 目标使所有部门和团队更加清晰其工作内容 ■ 每周员工满意度 / 摸底得分达到 ×× 以上 ■ 每周庆祝"小胜利"和任何类型的进步 ■ 首席执行官和高级副总裁通过公开问答启动每月的员工大会

目标 （Objective）	提高员工保留率
关键结果 （Key Results）	■ 改善我们的双向闭环反馈和持续的绩效管理流程 ■ 将员工敬业度和员工满意度提高到 ×× 分或以上 ■ 每月对员工进行一次调查，以了解如何使我们的公司成为更好的工作场所 ■ 评估我们是否按市场价格支付工资和福利

目标 （Objective）	以顶尖高手充实我们的团队
关键结果 （Key Results）	■ 为我们的员工推荐我们聘用的顶尖高手提供 ×× 美元的奖励 ■ 本季度为 × 个用人部门雇用 ×× 名新员工 ■ 在每次面试之后对受访者进行调查并获得反馈 ■ 保持 × : × 的面试与聘用比例

目标 （Objective）	提高员工敬业度和满意度得分
关键结果 （Key Results）	■ 确保公司范围内的每个经理都在进行持续的双向反馈循环 ■ 每周使用员工满意度指数对员工进行调查 ■ 确保设定清晰的工作目标，以提高参与度

目标 （Objective）	使所有经理人更加有效和成功
关键结果 （Key Results）	■ 为经理提供有关如何有效管理的持续培训 ■ 确保每位经理都定期进行一对一的会议，并提供双向反馈 ■ 每月进行 × 次匿名员工调查，以获取有关管理有效性的反馈

目标 （Objective）	高效、及时地完成员工审查
关键结果 （Key Results）	■ 获得员工的免费健身房会员资格 ■ 调查员工，了解他们对我们新的持续绩效流程的满意程度 ■ 从我们的 ×× 位一线经理那里收集所有绩效评估笔记

目标 （Objective）	向持续的绩效管理过渡
关键结果 （Key Results）	■ 宣布从过时的年度绩效审核流程中过渡 ■ 使用 ×× 工具实施正在进行的双向闭环反馈 ■ 建立季度绩效评估 ■ 宣布新的年度审核，以作为正在进行的流程的摘要

6. 物流团队

6.1 物流团队

目标 （Objective）	自动化订单管理
关键结果 （Key Results）	■ 订单吞吐量翻 × 倍 ■ 将订单更改减少到每周 × 个

目标 （Objective）	改善退货体验
关键结果 （Key Results）	■ 实施预打印的退货运输标签 ■ 查看当地法规，将退货期限延长至 × × 天以上

目标 （Objective）	加快运输过程
关键结果 （Key Results）	■ 重新放置 A 和 B 移动器，以将快速拨动减少到不到 5 分钟 ■ 确保所有包装材料都在快速搬运者 ×× ~ ×× 米的范围内 ■ 每个班次要购买 × × 台手持式标签打印机，以便当场打印 × × %的标签

7. 市场营销部

7.1 品牌策略师

目标 （Objective）	**培养我们的品牌声音** 我们会成为与其他公司有明显区别的品牌吗？我们会变成有趣又充满表情符号吗？让我们决定我们的品牌声音是什么，并围绕它制定策略。
关键结果 （Key Results）	■ 在本季度创建 × 种全公司范围内的编辑风格和语气指南 ■ 开发有创意性的上市声音，并为公司创建一个文档，供公司在本季度的第一个月内参考 ■ 研究并编制 × 种激发我们灵感的品牌声音的清单以及原因 ■ 本季度进行 ×× 次客户电话访问，以帮助改善我们的品牌声望

目标 （Objective）	**与网络内容提供商进行富有成效的对话** 富有成效的对话是与我们正确的网络内容提供商进行对话，但我们没有打算出售任何东西。这是一个品牌营销机会，也是进行用户体验市场研究的机会，如果需要的话，最终可能会促成销售。
关键结果 （Key Results）	■ 每周至少进行 ×× 次富有成效的对话 ■ 每周与公司分享你从电话中获得的主要收益 ■ 通过每周创建和共享内容（例如，实时通讯、博客等）上，使你的新知识付诸实践

目标 （Objective）	推出可持续发展的客户社区 为我们的客户创造一个引人入胜的空间，以建立并打造社区。
关键结果 （Key Results）	■ 邀请至少 × × 个客户加入我们的客户社区 ■ 保持至少 × ×％的受邀用户参与度 ■ 与 × 个联合营销合作伙伴一起制定并执行社区内容策略

7.2 内容营销经理

目标 （Objective）	改善页面外搜索引擎优化 增强网站的页面外 SEO 的重点在于建立其声誉和权威。实现这些目标将有助于搜索引擎更好地理解其他人如何看待我们的网站、产品和服务。
关键结果 （Key Results）	■ 对合格的相关出版物进行宣传，以确保获得 × × 篇帖子的反向链接 ■ 今年每个月在高权威性网站上宣传和撰写 × × 篇访客帖子 ■ 在我们的利基市场中吸引 × × 位网红，并征求他们的反馈、评论或报价 ■ 每月在问答网站上回答 × × 个相关问题

目标 （Objective）	改善网页搜索引擎优化 由于搜索引擎严重依赖页面 SEO 信号来确定页面的质量和相关性，因此让我们进行优化以获得更好的用户体验。
关键结果 （Key Results）	■ 通过技术性 SEO 审核来审核 / 清理我们的代码 ■ 本季度在我们的媒体库中为 × ×％的图像编写描述性替代文本 ■ 每个博客帖子包括 × × 个内部链接 ■ 格式化 × × 个登录页面和博客文章，以提高本季度的可读性 ■ 到本季度末，确定并修复 × ×％的断开链接

目标 （Objective）	制定广告活动策略，以产生潜在客户并吸引即将到来的内容流量 积极推动购买意向，在本季度增加免费试用。
关键结果 （Key Results）	■ 创建针对现有和新潜在客户的电子邮件策略 ■ 广告系列活动启动后的第一个月产生 × × 个潜在客户 ■ 确定 × 个新的分销渠道以覆盖目标受众 ■ 与销售团队保持一致，以识别营销和销售合格线索标准

目标 （Objective）	扩大内容营销策略 扩大内容营销策略，以吸引更多的流量和可归因的试验。
关键结果 （Key Results）	■ 将博客流量至少增加 × × %（环比增长） ■ 将第一页关键字的排名从 × × 提高到 × × ■ 本季度产生 × × 项基于内容的试用 ■ 建立并启动新的细分博客培育活动

目标 （Objective）	在目标市场中增加品牌知名度 为了获得客户的信任并在你的品牌上树立信誉，你需要在目标市场中建立强大的影响力。你的目标是对目标搜索引擎结果页面进行排名，显示在推荐列表中，并成为相关对话的一部分。
关键结果 （Key Results）	■ 在目标高流量关键字上排名前 × × 位 ■ 进行竞争对手分析，以确定竞争性内容机会 ■ 本季度品牌搜索增加 × × % ■ 将 × × 上的社交媒体参与度提高 × × % ■ 到本季度末，出现在 × × 个新产品推荐列表中

目标 （Objective）	**通过内容更新促进自发流量** 迄今为止，我们在创建有价值的最新内容方面做得非常出色。帮助我们增加自然流量的最低成果之一是优化现有内容，而不是仅仅专注于创作新作品。
关键结果 （Key Results）	■ 更新和修订 ×× 篇现有博客文章 ■ 为每个更新的内容构建 ×× 个高质量的反向链接 ■ 在所有更新的作品中将自然流量提高 ××% ■ 更新所有作者简历，以更好地突出他们的资格和行业专业知识

目标 （Objective）	**增加自发流量** 自发业务是难以置信的渠道，可以专注于实现长期获取和收入目标。让我们继续通过增加关键字排名和整体访问量来突破极限。
关键结果 （Key Results）	■ 本季度将 1~×× 个关键字增加 ××% ■ 将关注后反向链接总数增加 ××% ■ 从新的引荐域中保护 ×× 个后续关注反向链接 ■ 在接下来的 ×~× 个月内创建并执行关键字策略 ■ 更新 ×× 条衰减的内容

目标 （Objective）	**增加我们的新闻通讯列表并吸引订户** 质量低时，订户数量无效。让我们建立订户列表，但创建一些有价值的东西以使他们一周又一周地参与其中。
关键结果 （Key Results）	■ 本季度总订户增加 ××% ■ 将点击率从 ××（当前平均值）提高到 ××（目标平均值） ■ 将新闻通讯的网站访问量提高 ××%

目标 （Objective）	**提高网站转换率** 随着产品和客户的发展，网站的复制、设计和流程也应随之发展。
关键结果 （Key Results）	■ 在整个网站上运行 ×× 个优化测试（复制、导航等） ■ 更新 ××%的功能页面以反映完整的产品 ■ 审查、优化和发现内容旅程中的差距（在本季度末共享完整的报告）

目标 （Objective）	**构建强大的内容分发引擎** 任何内容营销人员的黄金法则都是将 20%的时间花在创作上，而将 80%的时间花在发行上。构建一个发行引擎，使你创建的每一个单品的成功率飞速增长。
关键结果 （Key Results）	■ 在 × 个新的分销渠道中查找和营销 ■ 将新闻通讯订阅者增加 ××% ■ 与外部合作伙伴一起进行 × 场联合营销活动

7.3 市场营销总监

目标 （Objective）	成为一个卓越的经理人
关键结果 （Key Results）	■ 将人员置于流程之上（例如，给团队成员写 × 张手写卡以庆祝达成目标） ■ 将行动置于分析之上（例如，将"构建 – 测量 – 学习"这一周期缩短 × 周） ■ 将绩效置于考勤之上（例如，确保每个团队成员都记录了 OKR，并按计划参加会议） ■ 倾听重于宣讲 ■ 意愿重于技能（例如，与你的团队进行每月 × 次的辅导课程）

目标 （Objective）	**专注于所有营销活动中的包容性和多样性** 包容性营销并不仅限于使用多样化的图片。包容性营销是指使边缘化或代表性不足的群体能够充分体验并与品牌建立联系的消息、人员、流程和技术。让我们成为一个可以与各行各业的人们建立联系的品牌。
关键结果 （Key Results）	■ 将营销活动中代表性不足的少数人的可见度提高 × × % ■ 审核社交媒体渠道、电子邮件自动化和内容，并确定 × × 个需要改进的地方 ■ 在本季度创建并突出显示 × × 个客户案例，并牢记多样性 ■ 建立代表我们所有客户的品牌，而不仅仅是他们的一个子集

目标 （Objective）	**增加营销转化** 与团队合作进行实验，以改善整体网站转化率。
关键结果 （Key Results）	■ 为营销、成长和社区建设团队设定特定目标，以流量和转化为重点 ■ 网站访问者每月增加 ××% ■ 到本季度末，将首页转化率从 ××% 提高到 ××% ■ 到本季度末，前 ×× 个转化页的访问量增加 ××%

目标 （Objective）	**提高你的管理技能** 优秀的管理人员可以保持团队敬业度、高绩效并留住人才。即使你已经是一位出色的经理，也总有改进的余地。让我们齐心协力，继续倾听，学习和发展我们的管理技能，并建立一种分享和对反馈采取行动的文化。
关键结果 （Key Results）	■ 每月向每个直接下属至少提供 × 条可行的反馈意见 ■ 每月从每个直接下属处至少获得 × 条可行的反馈意见 ■ 每月同每个直接下属至少要进行 × 次职业对话 ■ 本季度与 × 位管理教练 / 导师会面 ■ 在季度末根据员工的反馈采取行动并与团队一起检查进度

目标 （Objective）	**将试用转换率提高 ××%** 运行测试并优化渠道，以增加注册试用的新用户流量的百分比。
关键结果 （Key Results）	■ 将营销网站转换率提高 ××% ■ 确保 ××% 的试验已进入产品合格线索阶段 ■ 与产品团队一起进行 ×× 次测试，以改善本季度的导入体验

目标 （Objective）	[代理商] 提升客户的自然排名和流量 作为一家营销机构，关键是我们能够为客户带来成果。让我们专注于这些关键成果，以帮助我们的客户取得成功。
关键结果 （Key Results）	■ 进行手动外展，以确保每月有 ×× 个以上的链接展示位置 ■ 与 ×× 个行业网红就引人注目的流量活动进行协作 ■ 将客户关键字排名提高 ××% ■ 将客户流量增加 ××%

目标 （Objective）	[代理商] ××% 的客户达到了北极星指标 对我们每个客户最重要的指标是什么？让我们创建一个计划，以确保我们的团队能够到达每个客户的北极星指标并使他们满意。
关键结果 （Key Results）	■ 为所有客户制定自定义的第四季度策略 ■ 确保所有项目的自定义策略 ■ ××% 的客户已建立北极星指标 ■ 营销团队执行了 ××% 的季度路线图

7.4 增长营销经理

目标 （Objective）	本季度通过付费渠道进行 ×× 次用户试用 发现新的付费营销机会，并对其进行优化以推动具有成本效益的试用。
关键结果 （Key Results）	■ 维持试用的综合潜在客户成本在 ×× 美元 ■ 确保 ×× 美元的支出预算花费掉并将其分配给适当的渠道 ■ 从实验性付费频道吸引 ×× 位潜在客户

目标 （Objective）	识别与其他品牌的联合营销机会 增长营销的关键之一是能够与其他品牌建立互惠互利的关系。在成长中，我们称之为联合营销。
关键结果 （Key Results）	■ 建立包含 ×× 个以上品牌的数据库，与我们分享相似的受众群体，并找到独特的角度来建立共同营销关系 ■ 每季度发布至少 ×× 本联合营销电子书 ■ 通过 × 个渠道（如电子邮件营销、社交媒体、内容飞入、网站横幅等）促进和分发电子书 ■ 生成并培养从电子书中选择加入的 ×× 条潜在客户

7.5 总编

目标 （Objective）	与作家、撰稿人和客户保持牢固的关系 首先担任编辑的同时，你还将担任社区构建者的角色。通过电子邮件等对邮件进行回复可能会筋疲力尽，但是你的坚持回复将使社区建设变得轻而易举。
关键结果 （Key Results）	■ 在 ×× 天之内回复客户和用户的电子邮件 ■ 识别并记录贡献者的目标（即议案被接受 / 拒绝、编辑等） ■ 通过对你的编辑和建议保持透明，确保作者始终对其内容具有权威

目标 （Objective）	**通过你对搜索引擎优化最佳实践的专家级了解来增加网站访问量** 你的目标是提高流量，方法是确保满足并超过所有搜索引擎优化要求。
关键结果 （Key Results）	■ 在起草每篇文章之前，请先进行网站搜索，以确保你不会批准会蚕食你网站上现有内容的关键字 ■ 在批准初稿之前，通过 SEO 工具运行每个建议的关键字 ■ 在为作家创建大纲之前进行竞争性分析 ■ 检查每一部分的页面 SEO（如标题、关键字、辅助关键字、元文本等）

目标 （Objective）	**确保满足基本级别的内容准则，并且超越** 总编辑可能不是"完美主义者"的代名词，但你的目标是确保内容尽可能引人入胜、清晰和独特。
关键结果 （Key Results）	■ 在标题和主标题中使用目标关键字，但不要在每篇已发表的文章中都填入内容 ■ 对每篇已发表的文章进行语法和拼写、结构、页面搜索引擎优化及设计问题的彻底编辑 ■ 始终选择与内容合拍并反映其意图的图像 ■ 通过抄袭检查软件运行所有内容，以确保原创性

293

7.6 营销协调专员

目标 （Objective）	**加强我们的社区** 让我们通过相关的社交媒体渠道与我们的受众互动。但是，更重要的是，让我们以一种鼓励他们通过建立一个很棒的社区来与我们互动的方式来做到这一点。
关键结果 （Key Results）	■ 进行社交媒体审核并确定 ×× 个参与的关键机会 ■ 社交媒体对网站的访问量环比增长 ××% ■ 每周回复 ×× 条推文 ■ 与其他 ×× 家公司合作开展社交媒体活动 ■ 每月主持一次 ×× 聊天 ■ 找到 ×× 个新的相关 ×× 社区并与之互动

目标 （Objective）	**发现你的激情** 你想保持多面性，还是某个特定渠道比其他渠道更能激发你的兴趣？让我们发现你对营销充满热情。
关键结果 （Key Results）	■ 从头到尾与我们的内容营销经理一起合作进行下一次电子书发布 ■ 记录整个季度中你喜欢（不喜欢）从事哪些活动 ■ 与我们团队中的每个人一起坐下来，以了解有关他们的角色、渠道、职责等的更多信息 ■ 到本季度末主持营销实时通讯感到自在

7.7 市场营销经理

目标 （Objective）	**细化我们的定位** 我们是谁？我们与竞争对手有何不同？让我们将本季度的重点放在确定我们的定位上，以便公司和受众中的每个人都知道我们是谁，我们做什么。
关键结果 （Key Results）	■ 寻购 ×× 模板或创建定位模板以在该季度的前两周内填写 ■ 在第一个月末填写 ××% 的定位文件（作为非常粗略的草稿处理） ■ 在草稿完成后的 × 周内，从相关方那里获得有关定位（即竞争性比较的销售、产品营销等）的反馈 ■ 在收到反馈的 × 周内，进行所需更改的 ××% 并完成文档 ■ 设置定期召开的季度会议，以审核和更新定位文档

目标 （Objective）	**成功地在 ×× 平台上启动** 作为一家科技公司，×× 平台为我们带来了令人难以置信的机会，可以吸引相关的网站流量并增加注册量。让我们在 ×× 平台上成功运行广告系列，然后将我们的产品展示在地图上。
关键结果 （Key Results）	■ 使用数字管道为网站做好流量准备 ■ 通过公司账户发布促销视频并链接到 ×× 上我们的项目启动页面 ■ 让公司中的每个人都转推促销内容，以最大限度地曝光并进行宣传 ■ 发布后的前几个小时，在 ×× 公告视频中获得 ×× 次观看 ■ × 月 × 日 × 点达到 ×× 赞成票 ■ 在发布会当天获得 ×× 位产品搜索网红进行投票并发表评论 ■ 有 ×× 位技术影响者转推公告推文以增加曝光度 ■ 给 ×× 以上关键人物直接电邮个性化消息，感谢他们的帮助和共享我们的产品搜索页面 ■ 全天每 ×× ~ ×× 分钟发布一次，让人们了解社交媒体排名第一的进展情况 ■ 在产品搜寻中获得 ×× 个赞誉 ■ 在发布之日，获得 ×× 名 ×× 平台推荐的网站访问者

目标 （Objective）	**制定广告活动策略，以产生潜在客户并吸引访问即将到来的内容流量** 积极推动线索在季度末增加免费试用。
关键结果 （Key Results）	■ 创建针对现有和新潜在客户的电子邮件策略 ■ 广告系列启动后的第一个月就产生 ×× 个潜在客户线索 ■ 确定 × 个新的分销渠道以覆盖目标受众 ■ 与销售团队保持一致，以确定营销和销售合格线索标准

目标 （Objective）	**举办一场很棒的季度活动** 安排并举行在线或离线活动，以提高公司形象并产生符合销售条件的销售线索。
关键结果 （Key Results）	■ 每季度安排 ×× 场在线或离线活动 ■ 邀请 ×× 位相关利益相关者参加活动 ■ 吸引 ×× 人购买门票或 ×× 人免费注册 ■ 产生 ×× 条新的销售合格线索

目标 （Objective）	**为我们的前 ×× 个角色建立超个性化的电子邮件节奏** 让我们专注于本季度从我们的产品中受益最大的人们，确保他们对我们的品牌都有个性化和量身定制的体验。
关键结果 （Key Results）	■ 创建特定角色的资产（如博客、内容升级等）以通过电子邮件节奏共享 ■ 从首次下载内容开始，为每个角色建立 ×× 点触控电子邮件节奏 ■ 为每个角色创建一个以产品为中心的页面（如测试用例页面、推荐书等） ■ 设置电子邮件自动化

目标 （Objective）	**产品注册量环比增加 ××%** 要体验上折线形状的加速增长，我们需要开展工作以实现创纪录水平的增长。
关键结果 （Key Results）	■ 与新合作伙伴一起进行 ×× 场联合营销广告系列活动 ■ 确定转化渠道和需要改进的地方中的 ×× 个差距 ■ 通过反向链接构建和内容优化来提高底部渠道和长尾关键词的排名 ■ 在 ×× 个"顶级工具"列表中占据一席之地

目标 （Objective）	建立一个引擎，以每月被动地生成和转换潜在客户 让我们在本季度增加客户获取数量。
关键结果 （Key Results）	■ 在主要关键字主题上创建 ×× 种内容，从而将搜索流量提高 ××% ■ 创建相关的内容升级，使潜在客户增加 ××% ■ 创建个性化的电子邮件营销自动化，将潜在客户的转化率提高 ××%

7.8 搜索引擎优化专家

目标 （Objective）	**改善页面外搜索引擎优化** 增强网站的页面外 SEO 的重点在于建立其声誉和权威。实现这些目标将有助于搜索引擎更好地理解其他人如何看待我们的网站、产品和服务。
关键结果 （Key Results）	■ 对合格的相关出版物进行宣传，以确保 ×× 篇帖子的反向链接 ■ 今年每个月在高权威性网站上宣传和撰写 ×× 篇访客帖子 ■ 在我们的利基市场中吸引 ×× 位网红，并征求他们的反馈、评论或报价 ■ 每月在问答网站上回答 ×× 个相关问题

目标 （Objective）	**多样化反向链接资料** 我们需要增加来自新引荐域以及利基市场以外的权威网站的链接种类。
关键结果 （Key Results）	■ 每月获得 ×× 个 ×× 网站的链接 ■ 每月获取 ×× 个 ×× 网站的链接 ■ 每月获得 ×× 个新的 ×× 链接

目标 （Objective）	**改善网页搜索引擎优化** 由于搜索引擎严重依赖页面 SEO 信号来确定页面的质量和相关性，因此我们进行优化以获得更好的用户体验。
关键结果 （Key Results）	■ 通过技术性 SEO 审核来审核 / 清理我们的代码 ■ 本季度在我们的媒体库中为 ××% 的图像编写描述性替代文本 ■ 每个博客帖子包括 ×× 个内部链接 ■ 格式化 ×× 个登录页面和博客文章，以提高本季度的可读性 ■ 到本季度末，确定并修复 ××% 的断开链接

目标 （Objective）	**通过你对搜索引擎优化最佳实践的专家级了解来增加网站访问量** 你的目标是提高流量，方法是确保满足并超过所有搜索引擎优化要求。
关键结果 （Key Results）	■ 检查每一部分的页面 SEO（如标题、关键字、辅助关键字、元文本等） ■ 在起草每篇文章之前，请先进行网站搜索，以确保你不会批准会蚕食你网站上现有内容的关键字 ■ 在批准初稿之前，通过 SEO 工具运行每个建议的关键字 ■ 在为作家创建大纲之前进行竞争性分析

目标 （Objective）	**增加自发流量** 自发业务是难以置信的渠道，可以专注于实现长期获取和收入目标。让我们继续通过增加关键字排名和整体访问量来突破极限。
关键结果 （Key Results）	■ 本季度将 ×× 个关键字增加 ××% ■ 将关注后反向链接总数增加 ××% ■ 从新的引荐域中保护 ×× 个后续关注反向链接 ■ 在接下来的 ×~× 个月内创建并执行关键字策略 ■ 更新 ×× 条衰减的内容

7.9 社交媒体经理

目标 （Objective）	**启动 ×× 平台聊天** 与客户进行对话的一种好方法是给他们一个与我们交谈的理由。 让我们发起每月的 ×× 平台聊天，开始围绕我们的品牌建立社区。 另外，这是了解我们的客户并创建更多内容的好方法。
关键结果 （Key Results）	■ 扩大 ×× 平台聊天的后勤范围（如确定标签、主题、目标受众等） ■ 确保 ×× 个参与者（至少有 5000 个 ×× 平台关注者）参与 　本季度的每次聊天 ■ 为每个活动起草 ×× 个带有创意的问题 ■ 每次 ×× 平台聊天后 × 周内写一篇综述文章，介绍最重要的贡献

目标 （Objective）	**提升品牌知名度** 让我们成为社交媒体上最响亮的品牌之一。我们的目的是确保在 本季度末人们知道我们是谁。
关键结果 （Key Results）	■ 到本季度末，粉丝数量增加 ××% ■ 到本季度末，提及、分享和转发的数量增加 ××% ■ 到本季度末，社交媒体在 ×× 平台上的帖子的总覆盖率增加 　××%

目标 （Objective）	**与所有社交渠道的客户互动** 为了在社交媒体上取得成功，我们需要花时间与客户互动，而不 仅仅是发布并希望人们与我们互动。让我们有意识地努力与我们 所有社交渠道的客户互动。
关键结果 （Key Results）	■ 本季度每天在社交媒体上花费 ×× 分钟与客户互动 ■ 将你的时间花费在 ××% 的回复评论和 ××% 的新朋友互动上 ■ 在每个月末，比较每月的指标（含关注度、参与度、潜在客户 　数量、收入、点击量）

7.10 市场营销副总裁

目标 （Objective）	增加销售团队的收入机会 事实证明，营销线索是销售团队的宝贵资源。加倍努力将有助于提高其推广的质量和效率。
关键结果 （Key Results）	■ 营销合格线索逐月环比增加 ××% ■ 与上一季度相比，与企业相关的注册人数增加了 ××% ■ 基于角色的注册量环比增加 ××%

目标 （Objective）	成为一个卓越的经理人
关键结果 （Key Results）	■ 将人员置于流程之上（例如，给团队成员写 × 张手写卡以庆祝达成目标） ■ 将行动置于分析之上（例如，将"构建 – 测量 – 学习"这一周期缩短 × 周） ■ 将绩效置于考勤之上（例如，确保每个团队成员都记录了 OKR，并按计划参加会议） ■ 倾听重于宣讲 ■ 意愿重于技能（例如，与你的团队进行每月 × 次的辅导课程）

目标 （Objective）	在整个团队中实施新的一对一计划，以促进经理与其直接下属之间更好地沟通 一对一是建立信任、分享反馈和与每个团队成员互动的好机会；一对一提供了一个专门的时间和地点来讨论从路障到职业抱负的一切问题，使他们独当一面。
关键结果 （Key Results）	■ 选择一对一的会议平台 ■ 选择未来 × 个月的 1~× 个主题供团队改进（即成长、沟通、激励） ■ 与所有人员管理者会面，介绍概念并讨论主题 ■ 将概念介绍给整个团队，并确保每个经理与其直接下属安排会议 ■ 确保每个经理在每一个与主题相关的一对一会议中都会提出发人深省的问题 ■ 每个月与你的经理核实，以确保没有取消任何一对一会议，并且只因假期或紧急情况而重新安排 ■ 本季度阅读一本关于沟通或提问的书

目标 （Objective）	增加营销转化 与团队合作进行实验，以改善整体网站转化率。
关键结果 （Key Results）	■ 为营销、成长和社区建设团队设定特定目标，以流量和转化为重点 ■ 网站访问者每月增加 ××% ■ 到本季度末，将首页转化率从 ×% 提高到 ××% ■ 到本季度末，前 ×× 个转化页的访问量增加 ××%

目标 （Objective）	**提高你的管理技能** 优秀的管理人员可以保持团队敬业度、高绩效并留住人才。即使你已经是一位出色的经理，也总有改进的余地。让我们齐心协力，继续倾听，学习和发展我们的管理技能，并建立一种分享和对反馈采取行动的文化。
关键结果 （Key Results）	■ 每月向每个直接下属至少提供 × 条可行的反馈意见 ■ 每月从每个直接下属处至少获得 × 条可行的反馈意见 ■ 每月同每个直接下属至少要进行 × 次职业对话 ■ 本季度与 × 位管理教练／导师会面 ■ 在季度末根据员工的反馈采取行动并与团队一起检查进度

目标 （Objective）	**改善我们的营销信息和产品定位** 被我们所使用的语言包裹起来是如此容易，以至于我们有时会忘记它是否会引起客户的共鸣。让我们确保我们的客户确切了解我们要传达的内容。
关键结果 （Key Results）	■ 进行 ×× 次客户访谈，以了解人们如何看待我们的信息 ■ 审核网站并确定 ×× 个差距和需要改进的地方 ■ 创建并提出改善消息传递的行动计划

目标 （Objective）	**年度突破公司** 在所有营销渠道中取得创纪录的数字。
关键结果 （Key Results）	■ 确保 × 个第一梯队媒体位置 ■ 交付高质量的潜在客户，以达成销售（市场营销潜在客户的接受率至少为 ××%，闭合赢得率为 ××%） ■ 营销合格线索环比增加 ××% ■ 将市场营销机会增加 ××%

目标 （Objective）	**建立并领导世界一流的营销团队** 建立一支协作有效的营销团队，并为团队中的每个人提供持续的指导机会。
关键结果 （Key Results）	■ 招聘经验丰富的领导者以实现所需的营销职能（即内容、产品等） ■ 与人力资源部合作，建立吸引高潜力人才的积极雇主品牌 ■ 与销售、客户管理和产品团队保持强有力的沟通和协作，以实现营销目标 ■ 与中层管理人员制定关键绩效指标，以鼓励团队内部持续的指导和成长 ■ 预订并举行所有战略营销的每月跨级别会议

7.11 网页开发人员

目标 （Objective）	**学习一个新的 ×× 软件框架** 让我们继续发展你在 ×× 软件开发所有事物上的知识和专长。本季度，花一些时间学习新的 ×× 软件框架。
关键结果 （Key Results）	■ 确定你要学习的新 ×× 软件框架 ■ 每周至少花费 × 个小时来学习本季度的新框架 ■ 使用此框架为网站创建新功能

目标 （Objective）	**本季度构建 × 个新的着陆页模板** 与内容和设计团队一起确定需要的页面外观并创建它们。
关键结果 （Key Results）	■ 与内容和设计团队合作计划目标，设计和功能需求 ■ 按照内容和设计中的说明构建 × 页 ■ 在下个月每周监视构建后的着陆页是否有错误或改进

目标 （Objective）	**提高营销网站的性能** 确保我们面向公众的营销网站对所有用户都是快速且可用的。
关键结果 （Key Results）	■ 本季度将整体网站速度降低至少 ××% ■ 在 ×× 平台中保持最高的四分位数效果 ■ 确保所有站点资产都经过压缩和优化 ■ 审核所有站点 ×× 软件标签

8. 运营部

8.1 行政 / 运营

行政管理和运营的 OKR 通常侧重于提高效率和节省资金

目标 （Objective）	改善 IT 基础架构
关键结果 （Key Results）	■ 第二季度将系统停机时间减少 ××% ■ 培训 ××% 的团队进行新的云备份

目标 （Objective）	将运营成本降低 ××%
关键结果 （Key Results）	■ 购买咖啡壶和咖啡机，然后取消咖啡服务 ■ 将地毯清洁合同改为季度而不是每月 ■ 一次只打开一盒便签，以阻止人们在不需要新便笺时加满便笺

目标 （Objective）	改善内部文件管理
关键结果 （Key Results）	■ 安装新的文档管理软件 ■ 在第一季度，将 ××% 的数据从旧软件移至新软件 ■ 维护每个团队自己的文件目录

目标 （Objective）	在第一季度末之前简化库存管理流程
关键结果 （Key Results）	■ 预测所有部门到第三季度末之前的需求 ■ 在第一季度之前记录跟踪订购数量与需求数量 ■ 实施新系统以更好地处理库存

8.2 首席运营官

目标 （Objective）	改善远程入职流程 入职是任何新员工进入我们公司的旅程中重要的里程碑之一。正面的入职体验会影响留任率、生产力和整体参与度。这就是为什么它如此重要以至于我们对它持积极态度。
关键结果 （Key Results）	■ 创建工作聘书模板供所有招聘经理使用 ■ 概述招聘经理要遵循的主要目标和最佳做法（例如，视频通话以介绍要约、共享员工手册等） ■ 记录每位新员工应获得的必要软件账户（工资、人力资源、电子邮件、沟通工具等），并任命某人负责此流程 ■ 与所有今年聘用的新员工预订 × 周，× 个月和 × × 天的回顾

目标 （Objective）	在整个团队中实施新的一对一计划，以促进经理与其直接下属之间更好地沟通 一对一是建立信任、分享反馈和与每个团队成员互动的好机会；一对一提供了一个专门的时间和地点来讨论从路障到职业抱负的一切问题，使他们独当一面。
关键结果 （Key Results）	■ 选择一对一的会议平台 ■ 选择未来 × 个月的 1~× 个主题供团队改进（即成长、沟通、激励） ■ 与所有人员管理者会面，介绍概念并讨论主题 ■ 将概念介绍给整个团队，并确保每个经理与其直接下属安排会议 ■ 确保每个经理在每一个与主题相关的一对一会议中都会提出发人深省的问题 ■ 每个月与你的经理核实，以确保没有取消任何一对一会议，并且只因假期或紧急情况而重新安排 ■ 本季度阅读一本关于沟通或提问的书

目标 （Objective）	提高你的管理技能 优秀的管理人员可以保持团队敬业度、高绩效并留住人才。即使你已经是一位出色的经理，也总有改进的余地。让我们齐心协力，继续倾听，学习和发展我们的管理技能，并建立一种分享和对反馈采取行动的文化。
关键结果 （Key Results）	■ 每月向每个直接下属至少提供 × 条可行的反馈意见 ■ 每月从每个直接下属处至少获得 × 条可行的反馈意见 ■ 每月同每个直接下属至少要进行 × 次职业对话 ■ 本季度与 × 位管理教练／导师会面 ■ 在季度末根据员工的反馈采取行动并与团队一起检查进度

目标 （Objective）	雇用 ×× 名多样化和熟练的员工 招募 ×× 名新的计划雇用人员，并确保我们创建多样化的渠道。还可以以启动预算吸引高素质人才。
关键结果 （Key Results）	■ 与人力资源顾问一起审查职位发布，以确保它们具有包容性和竞争力 ■ 面试每个角色的至少 ×× 名候选人，其中至少 ×× 名来自边缘化社区 ■ 聘请最终员工在运营预算概述的总薪酬范围内

8.3 高级运营经理

目标 （Objective）	确保符合工作场所的健康和安全标准 让我们确保为所有员工创造一个健康安全的环境。
关键结果 （Key Results）	■ 确保 ××％遵守 ×× 标准等 ■ 确保 ××％遵守 ISO 9000 质量管理标准 ■ 举行季度午餐会，并与全体员工一起学习工作场所的健康和安全标准（以及如何达到标准）

目标 （Objective）	确保持续的运营改进 在发展和扩展我们的运营能力的同时，确保对安全性、质量、成本和交付等方面进行持续改进。
关键结果 （Key Results）	■ 将生产时间减少 ××％ ■ 将产品质量提高 ××％ ■ 缩短 ××％的交付时间

目标 （Objective）	**提高你的管理技能** 优秀的管理人员可以保持团队敬业度、高绩效并留住人才。即使你已经是一位出色的经理，也总有改进的余地。让我们齐心协力，继续倾听，学习和发展我们的管理技能，并建立一种分享和对反馈采取行动的文化。
关键结果 （Key Results）	■ 每月向每个直接下属至少提供 × 条可行的反馈意见 ■ 每月从每个直接下属处至少获得 × 条可行的反馈意见 ■ 每月同每个直接下属至少要进行 × 次职业对话 ■ 本季度与 × 位管理教练/导师会面 ■ 在季度末根据员工的反馈采取行动并与团队一起检查进度

9. 项目管理部

9.1 项目经理

目标 （Objective）	成功启动 × × 产品的 × × 版
关键结果 （Key Results）	■ 收集前 × ×％客户的反馈 ■ 至少在 × 种主要出版物中获得已发布的产品评论 ■ 至少获得 × ×％的新注册用户

目标 （Objective）	设计新产品愿景
关键结果 （Key Results）	■ 获得团队的内部反馈（最好是大规模的） ■ 征询至少 × ×％的潜在客户的反馈 ■ 从潜在客户那里获得 × × 样机的最高可用性得分

目标 （Objective）	到第二季度精准解决当前用户界面的问题
关键结果 （Key Results）	■ 实时运行所有功能的质量保证 ■ 演示减少延迟时间的解决方案 ■ 确定导致产品滞后的区域

目标 （Objective）	到第四季度将产品性能提高 ××%
关键结果 （Key Results）	■ 消除 ××%的错误 ■ 合并新工具以提高性能 ■ 减少 ××%的处理时间

10. 产品部

10.1 产品设计师

目标 （Objective）	**开拓产品视野** 通过你的研究和从客户那里收集的见解，根据公司使命为我们的产品开发视觉原型。
关键结果 （Key Results）	■ 收集定性和定量研究以建立你的假设 ■ 将你的主要发现转化为见解并就潜在解决方案进行构想 ■ 收集来自客户和同行的反馈，以验证和扩展概念 ■ 制作最终原型并将其展示给公司，以征求更多反馈 ■ 与你的同行一起确定路线图上的优先级

目标 （Objective）	**与客户保持亲密关系** 与客户和支持团队会面，以突出未满足的需求和市场上的常见行为。
关键结果 （Key Results）	■ 每月采访 ×× 位客户 ■ 收集客户支持和成功团队的见解 ■ 记录客户反馈，以帮助告知将来的设计和产品决策

10.2 产品经理

目标 （Objective）	**消除反馈意见的障碍** 通过设置可从产品内部轻松访问的表格或其他方法，简化用户留下产品反馈的过程。这也适用于内部员工。
关键结果 （Key Results）	■ 举行季度全体会议以收集想法并讨论产品路线图的优先级 ■ 设置社区反馈页面，用户可以在该页面上给其他用户的产品功能 / 反馈投票 ■ 与新员工设置一对一的会议，以收集他们对产品的最初反应 ■ 将季度用户反馈提交量增加 × × %

目标 （Objective）	**提高客户满意度** 当我们的客户满意时，他们更有可能推荐他们的朋友分享反馈意见并继续使用该产品。让我们专注于创建使客户满意的产品。
关键结果 （Key Results）	■ 将平均净推荐值从 × × 提高到 × × ■ 将客户支持问题和投诉数量减少 × × % ■ 进行 × × 次客户采访以获取反馈 ■ 对最近流失的客户进行 × × 次客户采访 ■ 在所有渠道上获得 × × 条新客户评论

目标 （Objective）	**定义激活标准** 要使用户真正被认为是活跃的，需要什么条件？了解这一点将有助于我们更好地了解我们公司和团队的表现。
关键结果 （Key Results）	■ 发现已保留的 × × 位用户 ■ 确定导入期间及以后的常见行动

目标 （Objective）	**简化客户导入** 第一印象就是一切。确保我们创造了出色的导入体验，使我们的客户从第一天开始就获得成功。
关键结果 （Key Results）	■ 将注册转换率提高 ××% ■ 将导入完成率提高到 ××% ■ 将新用户的激活率从 ××% 提高到 ××%

目标 （Objective）	**确保交付的产品更新有价值** 功能永远不会真正完成。在构建功能的下一个迭代之前，请确保在考虑用户反馈的情况下以正确的方式构建事物。
关键结果 （Key Results）	■ 将项目范围缩小到最小可行的附加值 ■ 收集、反馈并评估 ×× 个客户的使用情况 ■ 构建项目的下一个迭代

目标 （Objective）	**打造一流的产品** 从减少错误到无缝的用户体验，让我们专注于为我们的客户构建最佳产品。
关键结果 （Key Results）	■ 将平均净推荐值从 ×× 提升至 ×× ■ 获得 ×× 条新的 ×× 评论 ■ 将客户流失率降低 ××%

目标 （Objective）	**与我们的客户互动** 最接近客户者取胜。让我们优先考虑与客户的互动和学习。
关键结果 （Key Results）	■ 组织产品反馈并将其分类到潜在的开发项目中 ■ 进行 ×× 次用户测试会议，以审查客户如何与产品互动 ■ 与我们的客户管理团队进行每周 × 次的定期同步，以利用持续的客户反馈

目标 （Objective）	验证我们解决方案的产品市场适应性 我们是否正在构建人们想要和需要的东西？我们的客户、潜在客户和市场对我们有什么看法？
关键结果 （Key Results）	■ 查看现有产品文档 ■ 完善和验证要完成的工作框架 ■ 验证客户旅程 ■ 进行 ×× 次客户访谈以验证我们要解决的问题

10.3 高级产品经理

目标 （Objective）	消除反馈意见的障碍 通过设置可从产品内部轻松访问的表格或其他方法，简化用户留下产品反馈的过程。这也适用于内部员工。
关键结果 （Key Results）	■ 举行季度全体会议以收集想法并讨论产品路线图的优先级 ■ 设置社区反馈页面，用户可以在该页面上给其他用户的产品功能 / 反馈投票 ■ 与新员工设置一对一的会议，以收集他们对产品的最初反应 ■ 将季度用户反馈提交量增加 ×× %

目标 （Objective）	成为一个卓越的经理人
关键结果 （Key Results）	■ 将人员置于流程之上（例如，给团队成员写 × 张手写卡以庆祝达成目标） ■ 将行动置于分析之上（例如，将"构建 – 测量 – 学习"这一周期缩短 × 周） ■ 将绩效置于考勤之上（例如，确保每个团队成员都记录了 OKR，并按计划参加会议） ■ 倾听重于宣讲（例如，团队中 ×× % 以上的议程来自直接下属） ■ 意愿重于技能（例如，与你的团队进行每月一次的辅导课程）

目标 （Objective）	**增加用户参与度** 作为产品负责人，你有责任让用户参与该产品。在我们的入门和激活渠道中查找产品缺陷或需要改进的地方，以增加产品系列中的用户参与度。
关键结果 （Key Results）	■ × 周保留率提高 ×× % ■ 平均应用时间增加 ×× % ■ 将日活 / 月活用户提高 ×× %

目标 （Objective）	**增加来自每位客户的收入** 作为产品潜在客户增长公司的产品负责人，我们负责每个客户的收入增长。提高渠道转换率并引入新产品功能以增加收入。
关键结果 （Key Results）	■ 将客户的生命周期总价值提高 ×× % ■ 减少 ×× %的客户流失 ■ 推出新的顶级定价套餐

目标 （Objective）	**鼓励客户推荐** 吸引客户的最有效途径之一是通过客户推荐。让我们找出如何使我们的客户达到他们如此热爱我们的产品以至于告诉他们的朋友的地步。
关键结果 （Key Results）	■ 发现激发推荐所需的最低价值 ■ 实施客户推荐计划 ■ 采访受邀参加我们的推荐计划但没有通过该计划的 ×× 位用户

目标 （Objective）	**提高客户满意度** 当我们的客户满意时，他们更有可能推荐他们的朋友分享反馈意见并继续使用该产品。让我们专注于创建使客户满意的产品。
关键结果 （Key Results）	■ 将平均净推荐值从 ×× 提高到 ×× ■ 将客户支持问题和投诉数量减少 ××% ■ 进行 ×× 次客户采访以获取反馈 ■ 对最近流失的客户进行 ×× 次客户采访 ■ 在所有渠道上获得 ×× 条新客户评论

目标 （Objective）	**提高完整的渠道转化率** 更好地了解我们的转化率在整个渠道中下降的位置。确定需要进行哪些更改并确定其优先级，以提高整体转化率。
关键结果 （Key Results）	■ 确定产品获取渠道的 × 个部分以进行改进 ■ 将注册转换率提高 ××% ■ 将试用版的付费转化率从 ××% 提高到 ××%

10.4 产品副总裁

目标 （Objective）	成为一个卓越的经理人
关键结果 （Key Results）	■ 将人员置于流程之上（例如，给团队成员写 × 张手写卡以庆祝达成目标） ■ 将行动置于分析之上（例如，将"构建－测量－学习"这一周期缩短 × 周） ■ 将绩效置于考勤之上（例如，确保每个团队成员都记录了 OKR，并按计划参加会议） ■ 倾听重于宣讲（例如，团队中 ×× % 以上的议程来自直接下属） ■ 意愿重于技能（例如，与你的团队进行每月一次的辅导课程）

目标 （Objective）	**在整个团队中实施新的一对一计划，以促进经理与其直接下属之间更好地沟通** 一对一是建立信任、分享反馈和与每个团队成员互动的好机会；一对一提供了一个专门的时间和地点来讨论一切从路障到职业抱负的一切问题，使他们独当一面。
关键结果 （Key Results）	■ 选择一对一的会议平台 ■ 选择未来 × 个月的 1~× 个主题供团队改进（即成长、沟通、激励） ■ 与所有人员管理者会面，介绍概念并讨论主题 ■ 将概念介绍给整个团队，并确保每个经理与其直接下属安排会议 ■ 确保每个经理在每一个与主题相关的一对一会议中都会提出发人深省的问题 ■ 每个月与你的经理核实，以确保没有取消任何一对一会议，并且只因假期或紧急情况而重新安排 ■ 本季度阅读一本关于沟通或提问的书

目标 (Objective)	**提高你的管理技能** 优秀的管理人员可以保持团队敬业度、高绩效并留住人才。即使你已经是一位出色的经理，也总有改进的余地。让我们齐心协力，继续倾听，学习和发展我们的管理技能，并建立一种分享和对反馈采取行动的文化。
关键结果 (Key Results)	■ 每月向每个直接下属至少提供 × 条可行的反馈意见 ■ 每月从每个直接下属处至少获得 × 条可行的反馈意见 ■ 每月同每个直接下属至少要进行 × 次职业对话 ■ 本季度与 × 位管理教练 / 导师会面 ■ 在季度末根据员工的反馈采取行动并与团队一起检查进度

目标 (Objective)	**建立并领导世界一流的产品团队** 建立一支高效协作且以数据为驱动力的产品团队，并将其始终专注于客户。专注于持续的指导和创造机会，以保持团队的参与度。
关键结果 (Key Results)	■ 雇用 × 位高级项目经理、× 位项目经理和 × 位用户体验设计人员 ■ 与销售、客户管理和营销团队保持强有力的沟通和协作，以鼓励以客户为中心的文化 ■ 为每个项目经理设置 KPI，以鼓励团队不断地指导和成长

目标 (Objective)	**向团队介绍 10/50/99 反馈流程** 不要等到你的设计师和项目经理完全创建了用户案例和设计，然后再抓取一个项目。实施 10/50/99 流程可最大程度上减少挫败感、项目延误并加快团队的产出。
关键结果 (Key Results)	■ 调整并记录团队中 10/50/99 流程的工作方式 ■ 为即将开展的项目设置 10、50 和 99 个会议 / 接触点 ■ 完成 × 个主要的端到端功能后，回顾该流程对团队的工作方式

目标 （Objective）	在整个公司范围内增加产品学习 从我们做什么到为什么这样做，我们要确保组织中的每个人都对我们的团队和产品的功能有很好的了解。
关键结果 （Key Results）	■ 做 × 次学习展示新功能的产品 ■ 在团队中花费 ××% 的学习时间 ■ 进行 × 次跨职能知识共享会议 ■ 与产品营销人员建立一个 × 周一次的同侪一对一会议

10.5 设计团队

目标 （Objective）	为绘图向导提供设计
关键结果 （Key Results）	■ 在第二季度的第一个月，使用用户组中的候选人完成初始用户测试 ■ 交付线框 ■ 确认调色板的最后两个选项

目标 （Objective）	提高产品可用性
关键结果 （Key Results）	■ 完成工作流程向导 ■ 根据对最新调查的 ×× 项答复，将系统可用性等级从 × 提高到 ×（最高为 10） ■ 将支持要求减少 ××%

目标 （Objective）	为董事提供新的业务章程
关键结果 （Key Results）	■ 设计和调整演示材料的布局 ■ 开发 ×× 个图表 ■ 创建客户门户网站

11. 公关 / 投资者关系部

11.1 投资者关系 / 公共关系

目标 （Objective）	提高我们的品牌知名度
关键结果 （Key Results）	■ 到第一季度末，举办 ×× 次媒体通话 / 会议 ■ 与关键行业影响者进行 ×× 次电话 / 会议 ■ 在年度行业会议上获得 × 个演讲机会

目标 （Objective）	与 ×× 平台建立牢固的关系
关键结果 （Key Results）	■ 在第一季度做 × 期分析师简报 ■ 提交分析师报告申请 ■ 在我们的网络研讨会上有 × 位分析师专题 ■ 举办 × 次分析师电话会议以提供新产品发布更新

11.2 公共关系

目标 （Objective）	提高专业艺术家对新产品的认识
关键结果 （Key Results）	■ 第一季度末之前，通过主要艺术家杂志上的广告创造 ×× 次展示 ■ 第一季度末之前，在 ×× 城市的最畅销商店中安排为期 × 天的演示桌 ■ 安排 × 个主要手工艺品展的展位

目标 （Objective）	**通过新电子书获得的转化增加 ×× %**
关键结果 （Key Results）	■ 在 × 月底之前写一本新的电子书 ■ 在 × 个最相关的网站上发表 ×× 篇博客文章 ■ 利用现有列表实施电子邮件扩展

目标 （Objective）	提高公司产品的知名度
关键结果 （Key Results）	■ 在前 × 本高端生活方式杂志中投放 × 个广告 ■ 在城市 ×× 展上开发交互式体验 ■ 建立一个 ×× 平台的赞助

12. 销售部

12.1 客户专员

目标 （Objective）	**通过客户推荐的自我推销** 交易完成后，与客户轻松自在地交谈。我们必须继续与客户建立关系，这一点很重要，因为这将为我们提供大量的反馈和热销线索。
关键结果 （Key Results）	■ 通过电子邮件发送 ×× 位客户联系人以检查产品的运行情况 ■ 与 ×× 位客户建立联系，以确保他们的体验进展顺利 ■ 确保 ×× 份简介可以吸引客户的潜在客户

目标 （Objective）	**平均交易规模达到 ×× 美元或以上** 专注于将对我们的月度经常性收入和年度经常性收入产生重大影响的新业务。
关键结果 （Key Results）	■ 赢得的总交易金额为 ×× 美元或更高 ■ 达成 ×× 笔小型交易 ■ 达成 ×× 笔中型交易 ■ 达成 × 笔大型交易

目标 （Objective）	**达到 ××%或更高的成功率** 提高或维持我们当前从演示到接近成功的转化率。
关键结果 （Key Results）	■ 演示获得 ××%的买入转化率 ■ 收集投标书 / 报价的转换率达到 ××% ■ 提案 / 报价的中标转化率为 ××%

目标 （Objective）	**维持 × 个月或以下的销售周期** 维持或改善总体销售周期平均值（当前为 × 个月）。
关键结果 （Key Results）	■ 演示阶段持续时间不超过 ×× 天 ■ 收集首肯阶段持续时间不超过 ×× 天 ■ 投标 / 报价阶段的平均时间不超过 ×× 天

目标 （Objective）	**维持 ×× 万美元的潜在业务量** 保持团队整体活跃、强劲的潜在业务量。
关键结果 （Key Results）	■ 本季度接受合格潜在业务量中的 ×× 万美元 ■ 将 ×× 万美元用于培育或关闭 ■ 在新订单中签约 ×× 万美元

12.2 客户经理

目标 （Objective）	**达到并超过月度、季度和年度销售指标** 我们是销售专业人员，达到指标就是我们的工作。尽管这些目标是你特有的，但要实现这些目标将是团队合作的成果。从与经理进行的持续培训课程到与同行交流反馈，都要支持和依靠你的团队，使本月、季度和年度的业绩均创历史新高。
关键结果 （Key Results）	■ 你所有客户的平均净推荐值为 ×× 以上 ■ 本月加售 ×× 美元 ■ 本季度的加售额为 ×× 美元 ■ 今年的加售额为 ×× 美元 ■ 每周与同行分享和接收有关电子邮件，电话或其他客户互动的 ×× 条反馈 ■ 与你的直接经理安排定期的每月辅导课程

目标 （Objective）	**本季度通过加售产生 × × 美元的收入** 专注于发展现有关系。你有责任为我们的客户提供最佳的销售体验，从确定每个客户的痛点到将其转化为商机。
关键结果 （Key Results）	■ 到本季度末，客户中的 × ×%了解我们的所有产品和服务 ■ 每月发送 × 封电子邮件到 × ×%的客户预订中，以检查进展情况 ■ 与 × × 位客户建立联系，以确保他们的体验良好，并发现加售机会

目标 （Objective）	**通过客户推荐的自我推销** 交易完成后与客户轻松自在地交谈。我们必须继续与客户建立关系，这一点很重要，因为这将为我们提供大量的反馈和热销线索。
关键结果 （Key Results）	■ 通过电子邮件发送 × × 位客户联系人以检查产品的运行情况 ■ 与 × × 位客户建立联系，以确保他们的体验进展顺利 ■ 确保 × × 份简介可以吸引客户的潜在线索

12.3 销售部负责人

目标 （Objective）	**优化销售流程** 从改善销售技巧到指导销售代表，本季度应专注于优化销售流程的每个部分。
关键结果 （Key Results）	■ 与每位销售代表每 × 周举行 × 次教练辅导 ■ 让新的销售代表呈现销售电话记录，并在每次团队会议中提供圆桌会议反馈 ■ 与市场营销部门合作以更新销售资料，并确保它们具有品牌价值 ■ 深入了解每个销售代表在哪里挣扎，在哪里蓬勃发展，以及他们喜欢学习的方式

目标 （Objective）	**建立销售团队** 聘请新的销售代表或从内部进行推广以填补任何空白并推动我们的发展。
关键结果 （Key Results）	■ 聘用 × 位销售开发代表 ■ 聘用 × 位客户主管并提升 × 位销售开发代表 ■ 本季度提升 × 位客户主管成为销售经理或销售领导人

目标 （Objective）	**成为一个卓越的经理人**
关键结果 （Key Results）	■ 将人员置于流程之上（例如，给团队成员写 × 张手写卡以庆祝达成目标） ■ 将行动置于分析之上（例如，将"构建－测量－学习"这一周期缩短 × 周） ■ 将绩效置于考勤之上（例如，确保每个团队成员都记录了 OKR，并按计划参加会议） ■ 倾听重于宣讲 ■ 意愿重于技能（例如，与你的团队进行每月 × 次的辅导课程）

目标 （Objective）	**产生 ×× 万美元的净新收入** 专注于保持我们的增长动力。
关键结果 （Key Results）	■ 在新管道中创造 ×× 万美元的收入 ■ 维持 × 个月或更短的销售周期 ■ 将胜率提高到 ××% ■ 签约 ×× 位新客户

12.4 销售运营经理

目标 （Objective）	减少销售运营开销 随着团队的成长，工具和支出的数量急剧增加。让我们减少开支，同时保持效率。
关键结果 （Key Results）	■ 在 × 月 × 日之前获得我们收入组织的预算和技术需求战略的批准 ■ 本季度将技术堆栈成本降低 × × %

目标 （Objective）	负责销售技术堆栈 销售团队可以使用许多技术，从发现联系信息到外展平台。研究并建立销售技术堆栈，使我们的团队能够高效地开展工作。
关键结果 （Key Results）	■ 在 × 月 × 日之前为销售运营团队实施并整合所需的联系数据提供商 ■ 在 × 月 × 日之前为 CRO、KPI 实施实时仪表板和报告

目标 （Objective）	今年使销售、市场营销和客户管理保持一致 作为经理，关键是你能够将营销、销售和客户管理保持在同一步调上。这种一致性确保了我们可以从认识到扩展，最大限度地利用每位客户的潜力。
关键结果 （Key Results）	■ 在营销、销售和客户管理部门的主要利益相关者之间举行每月一次的定期会议 ■ 在评级中达到 × × % 或更高的评级 ■ 每月提供 × × ~ × × 个客户生命周期改进 ■ 在季度末创建一个统一的仪表板，以突出显示跨销售、客户管理和市场营销的指标

12.5 销售开发经理

目标 (Objective)	**为你的销售开发代表配备成功和成长的动力** 从适当的入职到持续的指导，为销售开发代表铺设成功之路是你的工作。
关键结果 (Key Results)	■ 本季度更新 × 本现有的剧本 ■ 为团队中的每个销售开发代表设定清晰的职业道路 ■ 与团队中的每个销售开发代表一起做每周 × 次的电话辅导 ■ 报告指标并每周确定至少 × 个需要改进的地方 ■ 每月与每位直接下属在一对一会议上进行至少 × 次以增长为重点的对话

目标 (Objective)	**让你的销售开发代表达到或超越简单拨号和对话** 让我们为销售开发代表团队配备从他们开始工作之日起就可以开始运作的一切。
关键结果 (Key Results)	■ 每个销售开发代表每天平均拨打 ×× 通电话 ■ 每个销售开发代表每天发送 ×× 封或更多电子邮件 ■ 跨销售开发代表的电子邮件的平均回复率为 ××% 以上

目标 （Objective）	成为一个卓越的经理人 这种领导方法应该应用于所有部门中具备人员管理职责的领导。
关键结果 （Key Results）	■ 将人员置于流程之上（例如，给团队成员写 × 张手写卡以庆祝达成目标） ■ 将行动置于分析之上（例如，将"构建 – 测量 – 学习"这一周期缩短 × 周） ■ 将绩效置于考勤之上（例如，确保每个团队成员都记录了 OKR，并按计划参加会议） ■ 倾听重于宣讲 ■ 意愿重于技能（例如，与你的团队进行每月 × 次的辅导课程）

目标 （Objective）	成为一名出色的销售教练 你的工作不是要做销售代表，那样你手下的销售代表无法学习和成长。相反，请专注于成为你团队的优秀教练，因为那才是真正促使你取得成功的因素。
关键结果 （Key Results）	■ 每月安排并举办 × 次教练课程，其中包含你的每个直接下属 ■ 每月举行 × 次午餐学习会，并向销售团队学习新的策略或技巧 ■ 为每个直接下属创建量身定做的指导计划（改进领域、学习方式等） ■ 本季度与每个代表共同制定 × 个或更多个人和专业发展目标

12.6 销售开发代表

目标 （Objective）	产生 ×× 美元的新潜在业务 专注于可以快速和赢得巨大销售收入的机会。
关键结果 （Key Results）	■ 平均机会价值大于或等于 ×× 万美元 ■ 预定 ×× 个合格的演示 ■ 超过 ××% 的演示被客户主管认定为合格

目标 （Objective）	**预定 ×× 个合格的会议** 着重于预定的会议质量与数量。我们可以将越好的潜在线索传递给客户主管团队，越有可能实现部门收入目标。
关键结果 （Key Results）	■ 预订 ×× 个介绍电话 ■ 从介绍电话到演示的转换率达到 ××% ■ 超过 ××%的演示被客户主管认定为合格

目标 （Objective）	**超出所需的探索活动** 达到并超越销售开发代表团队的指标。
关键结果 （Key Results）	■ 记录 ×× 场销售活动（包括电话、电子邮件等） ■ 预订并运行 ×× 个简介电话 ■ 获得 ×× 条从网络技术（预算、权限、需求、时间线）角度合格的线索

12.7 销售经理

目标 （Objective）	**让 ××%的销售代表达到销售指标的 ××%以上** 使 ××%的销售代表达到指标的 ××%以上是确保业务长期成功的关键，也是维持当前销售代表的关键。当销售代表没有达到配额、执行绩效改善计划或由于缺少目标而离开业务时，这将成为一个挑战。也就是说，达到销售代表目标的 ××%可确保业务健康增长、维持收入目标，并确保遵守员工总数目标。
关键结果 （Key Results）	■ × 位的销售代表达到或超过了年度目标 ■ 每月每个代表至少要进行 × 次辅导 ■ 每月为团队举办 × 次午餐学习会，分享有关新的战术、策略或技巧

目标 （Objective）	成为一个卓越的经理人
关键结果 （Key Results）	■ 将人员置于流程之上（例如，给团队成员写 × 张手写卡以庆祝达成目标） ■ 将行动置于分析之上（例如，将"构建－测量－学习"这一周期缩短 × 周） ■ 将绩效置于考勤之上（例如，确保每个团队成员都记录了 OKR，并按计划参加会议） ■ 倾听重于宣讲 ■ 意愿重于技能（例如，与你的团队进行每月 × 次的辅导课程）

目标 （Objective）	**提高你的管理技能** 优秀的管理人员可以保持团队敬业度、高绩效并留住人才。即使你已经是一位出色的经理，也总有改进的余地。让我们齐心协力，继续倾听，学习和发展我们的管理技能，并建立一种分享和对反馈采取行动的文化。
关键结果 （Key Results）	■ 每月向每个直接下属至少提供 × 条可行的反馈意见 ■ 每月从每个直接下属处至少获得 × 条可行的反馈意见 ■ 每月同每个直接下属至少要进行 × 次职业对话 ■ 本季度与 × 位管理教练／导师会面 ■ 在季度末根据员工的反馈采取行动并与团队一起检查进度

目标 （Objective）	**建立认可文化** 每个人都喜欢做出色的工作并受到认可。建立一种文化，以促进整个团队之间的认可共享。
关键结果 （Key Results）	■ 在销售团队会议议程中设置重复项目，专门用于发声 ■ 询问每一个直接下属"上周谁干得很棒"，在本季度的一对一调查中至少要问 × 次 ■ 公开庆祝每场胜利和达成的交易

目标 （Objective）	**与其他团队合作以推动新的渠道和创收机会** 仅仅一个部门的努力不会实现真正的增长。这是公司范围内的努力。跨职能合作以发现新的机会并利用现有的机会。
关键结果 （Key Results）	■ 举行有效的每月销售和营销会议（平均会议评分为正） ■ 安排部门每月午餐学习会，向销售团队介绍新信息 ■ 每周进行潜在业务审查，以找出差距和主要下降点 ■ 确定潜在客户不转化为客户的 × 个关键原因并与适当的团队共享

目标 （Objective）	**成为一名出色的销售教练** 你的工作不是要替销售代表包办一切，那样的话你的销售代表无法学习和成长。相反，请专注于成为你团队的优秀教练，因为那才是真正促使你取得成功的因素。
关键结果 （Key Results）	■ 每月安排并举办 × 次教练课程，其中包含你的每个直接下属 ■ 每月举办 × 次销售团队午餐学习会，分享新的策略或技巧 ■ 为每个直接下属创建量身定制的指导计划（改进领域、学习方式等） ■ 本季度与每个代表共同制定 × 个或更多个人和专业发展目标

12.8 销售副总裁

目标 （Objective）	成为一个卓越的经理人 这种领导方法应该应用于所有部门中具备人员管理职责的领导。
关键结果 （Key Results）	■ 将人员置于流程之上（例如，给团队成员写 × 张手写卡以庆祝达成目标） ■ 将行动置于分析之上（例如，将构建 – 测量 – 学习这一周期缩短 × 周） ■ 将绩效置于考勤之上（例如，确保每个团队成员都记录了 OKR，并按计划参加会议） ■ 倾听重于宣讲 ■ 意愿重于技能（例如，与你的团队进行每月 × 次的辅导课程）

目标 （Objective）	提高你的管理技能 优秀的管理人员可以保持团队敬业度、高绩效并留住人才。即使你已经是一位出色的经理，也总有改进的余地。让我们齐心协力，继续倾听，学习和发展我们的管理技能，并建立一种分享和对反馈采取行动的文化。
关键结果 （Key Results）	■ 每月向每个直接下属至少提供 × 条可行的反馈意见 ■ 每月从每个直接下属处至少获得 × 条可行的反馈意见 ■ 每月同每个直接下属至少要进行 × 次职业对话 ■ 本季度与 × 位管理教练 / 导师会面 ■ 在季度末根据员工的反馈采取行动并与团队一起检查进度

目标 （Objective）	在整个团队中实施新的一对一计划，以促进经理与其直接下属之间更好地沟通 一对一是建立信任、分享反馈和与每个团队成员互动的好机会；一对一提供了一个专门的时间和地点来讨论从路障到职业抱负的一切问题，使他们独当一面。
关键结果 （Key Results）	■ 选择一对一的会议平台 ■ 选择未来 × 个月的 1~× 个主题供团队改进（即成长、沟通、激励） ■ 与所有人员管理者会面，介绍概念并讨论主题 ■ 将概念介绍给整个团队，并确保每个经理与其直接下属安排会议 ■ 确保每个经理在每一个与主题相关的一对一会议中都会提出发人深省的问题 ■ 每个月与你的经理核实，以确保没有取消任何一对一会议，并且只因假期或紧急情况而重新安排 ■ 本季度阅读一本关于沟通或提问的书

目标 （Objective）	**聘请新的销售代表并填补销售空白** 聘请新的销售代表或进行内部宣传以填补任何空白并推动我们的发展。
关键结果 （Key Results）	■ 聘请经验丰富的领导者担任各个职能职位 ■ 聘请 ×× 位销售开发代表 ■ 聘请或者晋升 ×× 位客户主管 ■ 聘请或晋升 × 位销售经理 ■ 聘请 × 位销售总监

目标 （Objective）	总计 ×× 万美元的新订单净额 为了实现季度收入目标，我们应将重点放在保持健康和庞大的潜在业务。
关键结果 （Key Results）	■ 将签订的多年合同从 ××%增加到 ××% ■ 在下一财年获得 ×× 万美元的净新年度经常性收入

目标 （Objective）	产生 ×× 万美元的净新收入 专注于保持我们的增长动力。
关键结果 （Key Results）	■ 在新管道中创造 ×× 万美元的收入 ■ 维持 × 个月或更短的销售周期 ■ 将胜率提高到 ××% ■ 签约 ×× 个新客户

附录三

参考信息来源

本书编译过程中参考引用了大量的实际案例，这些实例和心得来源于国内外的公开信息。其中既有 OKR 发明者们在论坛上的演讲，也有企业界应用 OKR 后分享的心得体会；有 OKR 专家顾问们撰写的博客专栏和答疑，还有专注于 OKR 工具的软件公司提供的各种样例汇编等。主要参考信息来源如下：

（1）https://soapboxhq.com/goal-examples

（2）https://www.workfront.com/strategic-planning/goals/okr/okr-examples

（3）https://www.smartsheet.com/content/okr-examples

（4）https://www.ntaskmanager.com/blog/okr-examples/

（5）https://okrexamples.co/top_management-leadership-okr-examples

（6）https://www.youtube.com/watch?v=HvFQovINVPQ

（7）https://www.whatmatters.com/get-inspired

（8）https://hello.gtmhub.com

（9）https://asana.com/resources/setting-okrs

（10）https://www.bing.com/videos

（11）https://www.leapsome.com/playbooks/how-to-run-okr-check-in-meeting

（12）https://www.complish.app/meeting-templates/okrs-planning-meeting-agenda-template

（13）https://www.whatmatters.com

（14）The Ultimate OKRs playbook, Gtmhub, 052020

（15）The Definitive Guide，Brett Knowles, Aug 19, 2020

借此，对这些先行者们无私的分享表示感谢。